Pies descalzos

Laura Ruiz

Pies descalzos
© Laura Ruiz
© Kabo&Bero® Ediciones

Ilustraciones y maquetación
© Antto Kabo

Corrección
© Laura Eusebio
© Paula Jiménez

1ª edición: marzo de 2026

Editado por
Kabo&Bero® Ediciones
www.kaboybero.com
Piamonte, 23 (28004 Madrid)

ISBN: 979-13-991557-2-3
Depósito legal: M-6810-2026

Impreso por Leitzaran Grafikak
www.leitzaran.eus

Printed in Spain - Impreso en España

En caso de necesidad, contactar con: info@kaboybero.com

Iré allá donde el corazón y las circunstancias me lleven.

Laura Ruiz Urbán.

A los valientes que un día lograron su sueño,
a aquellos que se quedaron en el camino,
a quienes partieron esperando vivir una libertad
que jamás tuvieron.

A las personas cuyas esperanzas fraguaron en el mar,
a tantas otras arrancadas de sus hogares por la pobreza,
la maldad, el hambre,
los desastres naturales, su religión, su etnia,
su orientación sexual,
a causa de las guerras o con el deseo de crecer
como personas, de mejorar, de cambiar.

A todos los que, tras años de pobreza y sufrimiento,
lo consiguieron.

A las personas que en mi camino he tenido
la oportunidad de conocer.
Parte de lo que soy os lo debo.

A aquellos que siempre han confiado en mí,
mis amigos, mi familia, mis compañeros,
porque sí, porque os quiero. Lo sois todo para mí.

Y a ti, por elegir este libro.
Insha'Allah[1] sea de tu agrado.

---

1   Forma utilizada para transcribir del *fuṣḥā* (árabe estándar) la palabra 'ojalá' o, literalmente, 'si es la voluntad de Dios'.

1

El mar que nos rompe

Cuando la luz tormentosa baña mis ojos, solo puedo desear que el tiempo vuelva atrás, a aquella última mañana en la playa de *Tāghāzūt*, en *Agādīr*. Hace unas semanas estaba sentado sobre una roca, escuchando el agradable sonido de las risas de mis amigos mientras saltaban con tablas de *surf* sobre los destellos que el sol arrancaba a las olas. La intensidad de aquellos momentos junto a ellos aviva la llama de mis recuerdos. Añoro las vistas del Atlántico, la brisa suave y los paseos matinales descalzos sobre la arena.

Las farolas al atardecer entremezclaban su brillo con el anaranjado salvaje de la tierra tostada. El paisaje era hermoso.

Soy afortunado por haber nacido en un lugar como aquel, envuelto por la magia del mar. Sin embargo, siempre sentí la necesidad de marcharme. La vida allí pasaba con una agoniosa calma y tenía la sensación de que el país se movía sin prisa, ajeno al vértigo que nos recorría a muchos jóvenes por dentro.

Ahora, apartado de mi tierra, extraño todo aquello. Quiero sonreír pero el gesto se me rompe al pensar en *Ibrāhīm*.

En mi memoria vuelve a tirarme del brazo para que nademos junto a nuestros amigos aquel último día: nuestra despedida. Y yo de nuevo acepto encantado: nada me gustaba más que dejarme llevar por el viento.

Recuerdo que *Ibrāhīm* estaba feliz, convencido de que podríamos tener una vida maravillosa en Europa. Nos habían hablado tan bien de España... «Tierra de colores, con gente abierta y nacionalidades múltiples. Allí todo es posible», nos aseguraron. Y lo creímos.

Aunque hayan pasado semanas, mi mente regresa a Marruecos. Allí corríamos alegres, perseguidos de cerca por nuestras ilusiones. ¡Teníamos tantos sueños! Algún día yo sería actor, como esos del cine a los que tanto admiraba, e *Ibrāhīm* compondría música para cine: ritmos del sur, de la hermosa África, viajando por el mundo.

Marcharme era mi mayor deseo. Necesitaba salir de ese hogar que me hacía sentir pequeño. Además, no iría solo. *Ibrāhīm* era mi confidente y la persona a la que más quería y admiraba. Solo con él podía expresarme con libertad. Con él no tenía miedo.

Suspiro. Tal vez nunca vuelva a ver a mis amigos ni a mi familia, y es seguro que no escucharé la risa de *Ibrāhīm* acompañada del destello de sus enormes ojos almendrados.

La sal juega entre los dedos de mis pies, aunque lo que en realidad haya sean campos y más campos llenos de trabajadores recogiendo racimos de uva. De nuevo la humedad me baña la cara pero no, no es el agua salada del mar: son lágrimas. Me las seco como puedo con el antebrazo, tengo las manos pringosas por el trabajo.

Cuando miro al fondo de la huerta en la que trabajo, hablo en silencio:

—Lo conseguí. Estoy aquí, en España —el néctar de un racimo en mal estado se me pega entre los dedos.

—Sí, aquí estás... pero ¿a qué precio? —responde mi propia voz—. ¿Era esto lo que esperabas encontrar?

—Aquí soy libre y no tengo miedo —intento detener los pensamientos con la respuesta más satisfactoria.

—¿No tienes miedo? ¿De qué te sirve la libertad si has perdido la felicidad?

—Seré feliz y cumpliré mis sueños.

—¡Bah! No creas eso. Tu ilusión se perdió en el mar. Cayó entre las olas y te dejó solo. Deberías haber saltado.

—Eres cruel —replico en un susurro que me sabe a amargura.

No hay nada más rencoroso que una conciencia rota. Y es que llegué a España de la peor manera: entre las mismas olas del mar que habían alegrado mi infancia. Tras quince interminables horas viajando, el hambre, la sed y el frío no fueron nada al lado de mi congoja al distinguir la costa. Necesité ayuda para dejar atrás la patera, incapaz de dar un solo paso por mí mismo. Fue *Iḥsān*, que horas antes me había impedido saltar, quien me dio la mano y tiró de mí. Al hacerlo se encontró con mi resistencia.

—Vamos, baja. No te rindas ahora que por fin hemos llegado —me pidió suplicante.

Alcé la cabeza confundido en busca del origen de la voz. ¿Acaso lo he soñado? ¿Es *Ibrāhīm* quien me habla? Tantas horas a la intemperie, mareado por el vaivén de las olas y desesperado por lo ocurrido, me causaron una gran confusión que puso en alerta a *Iḥsān*. La última hora había estado muy débil, febril, deshidratado. Solo nos habíamos preparado para un viaje corto, pero todo se había complicado con el fallo del motor en mitad de una inesperada tormenta. Una ráfaga de viento sacudió la patera e *Ibrāhīm* que, en ese momento, se había levantado para pedir agua, perdió el equilibrio con tan mala fortuna que cayó por la borda. El fuerte oleaje hizo virar la embarcación que le golpeó en la cabeza antes de que pudiéramos plantearnos saltar a ayudarle. Quedó solo un reguero de sangre y desapareció bajo el Mediterráneo.

Intenté saltar y, al prever mis intenciones, *Iḥsān* me sujetó fuerte impidiendo que lo hiciera.

—No puedes hacer nada. No puedes —me repetía en susurros al oído, intentando calmarme.

Pataleé sujetado por sus fuertes brazos y, entre gemidos desesperados, chillé una y otra vez su nombre: «¡*Ibrāhīm*!».

Mi voz era salada y cenicienta; mis ojos, un río salvaje impregnado de ira y dolor; mis piernas, guerreras atadas que luchaban por soltarse de aquella presión que me impedía arrojarme al mar. *Iḥsān*, sin embargo, era inquebrantable, fuerte y seguro. Finalmente, el cansancio me dejó debilitado y sumido en un profundo silencio.

Cuando la tormenta se disipó, miré el horizonte. Era hermoso, casi divino. Me pregunté cómo algo tan bello acababa de arrebatarme a mi mejor amigo. La fuerte mano de *Iḥsān*, que no sobrepasaba mi edad y sin embargo tenía la estatura de un gigante, aún se apoyaba en mí. Traté de desprenderme de ella.

—Suéltame. No voy a saltar —prometí.

Iḥsān me miró a los ojos y, satisfecho con mis palabras, dejó de presionar mi oscuro abrigo de plumas. No pude evitar fijarme en sus prendas: eran viejos andrajos. Pensé que seguramente viajaba por necesidad. Yo había tenido la fortuna de nacer en el seno de una familia adinerada. Y por eso me preguntaba por qué lo había hecho. Solo en el rincón más escondido de mi conciencia podía vislumbrar el principal motivo. Aun así, me preguntaba por qué *Ibrāhīm* me había seguido. Me sentía tan culpable... La ansiedad estuvo a punto de volver, pero respiré con fuerza y logré reprimirla antes de que las náuseas dieran lugar a otro tornado en mi interior.

—¡Hey! —me dijo *Iḥsān*, como si comprendiera aquello en lo que pensaba—. Siento de verdad lo que ha pasado, lo de tu amigo, pero no estarás solo, ¿vale? Yo me quedaré contigo el tiempo que necesites.

—Deberías haber dejado que lo salvara —respondí apartando la mano de *Iḥsān* de mala gana—, no sé por qué me lo has impedido.

Iḥsān no respondió. Sus ojos se perdieron en el mar y me dio la impresión de que miraba mucho más allá de lo que se podía ver en el brillo salado y negruzco de las olas. Me arrepentí.

—Lo siento —me disculpé.

—Tranquilo, no estoy enfadado. Comprendo cómo te sientes, pero si te soltaba, tú...

—¿Habría muerto? Sí, tienes razón, *Iḥsān*. Yo también estaría muerto —repliqué quejumbroso y con un susurro continué—. Pero ya lo estoy. Estoy muerto en el cuerpo de un vivo. *Allāh* no me perdonará jamás. Ni yo tampoco.

Iḥsān no dijo nada. Él también había perdido a alguien. Se notaba en los surcos hundidos bajo sus ojos que en ocasiones la luna cubierta de nubes nos permitía contemplar. También estaba roto. Guardé silencio, bajé la mirada y me quedé muy quieto, dejando pasar el tiempo. Me fijé en las personas que viajaban a mi lado: una joven abrazada a sus dos niños, un muchacho que sostenía una alforja como si fuese un tesoro, una chica larguirucha de cabellos despeinados y varios adolescentes que compartían un apretado hueco porque en la lancha no quedaba espacio suficiente para ellos. Quienes estaban despiertos iban callados. Así había sido casi todo el viaje. Al principio todo eran risas y sueños sobre la nueva tierra. Después llegó la tormenta y lo cambió todo. Con los remos perdidos y el motor estropeado, solo *Allāh* tenía el poder de guiarnos hacia un nuevo destino. A todos menos a *Ibrāhīm*.

Karīm vuelve a la realidad al escuchar una voz que lo llama. Es *Iḥsān*. La jornada termina, el sol está a punto de esconderse y pueden volver a la vivienda que comparten: sesenta metros para diez personas sin agua caliente, con un solo baño y un calentador de gas que a duras penas funciona. A cambio, entregan una buena parte de lo que cobran. *Iḥsān* lo llama hogar.

Le indica que guarde sus cosas en su mochila: tienen cita en Cruz Roja. *Iḥsān* ya había conocido en Marruecos la Media Luna Roja y sabe que su función es la misma. *Karīm* deja atrás sus pensamientos y le obedece. No es mucho lo que lleva con él, solo el móvil, una sudadera y una vieja cartera negra. Está desgastada, por todos lados se ve la tela del interior, pero algo le ata a ella. Es todo lo que le queda de su tierra. Eso y una vieja foto arrugada con la imagen de su grupo de amigos disfrutando de un día cualquiera en la playa marroquí. La conserva como un tesoro. Mientras recoge, *Iḥsān* lo observa.

—Vamos.

Quince días antes de que la patera llegara a la costa española, *Iḥsān* se despedía de su familia en su pequeña casa de barro. Dejaría atrás su aldea porque apenas contaba con recursos para la supervivencia. La sequía había arruinado las cosechas y, tras la muerte de su *wālid*[2] hace un año y medio, los tíos paternos les arrebataron las tierras alegando que su *umm*[3] no tenía derecho sobre el terreno. Sus abogados les exigieron enormes pagos por el usufructo de los terrenos y tuvieron que renunciar a ellos. Solo les dejaron una pequeña parcela. Desde entonces, *Iḥsān* estuvo haciendo lo que podía aquí y allá, sin encontrar un empleo de verdad.

Ahora, apoyado en la ventana del comedor desde la que ve la típica calle de extrarradio llena de barro, el olor a tierra lo transporta a su propio hogar. Recuerda las quejas de *Sūfiyā*, su *ukht*[4], incapaz de entender su marcha y el abrazo de su *umm*, cubierta por su tradicional aroma a especias. Solo el llanto de su *akh*[5] pequeño les obligó a separarse.

---

2   Forma utilizada para transcribir, tanto del *fuṣḥā* como del *darija* (árabe marroquí), la palabra 'padre'.

3   *Umm* y *omm* son las formas utilizadas para transcribir del *fuṣḥā* la palabra 'madre'.

4   Forma utilizada para transcribir del *fuṣḥā* la palabra 'hermana'.

5   Forma utilizada para transcribir del *fuṣḥā* la palabra 'hermano'.

—Este niño necesita un cambio —le dijo a su *umm*, sacándolo de la cuna y entregándoselo.

Ella tenía el rostro tan triste como el día que se encontró a su esposo sin vida en el camastro.

—No me mires así, ya lo hemos hablado —suplicó entristecido por las lágrimas de su *umm*—. Es lo mejor para todos.

Iḥsān marchó antes de que lo vieran llorar. No quería marcharse, pero necesitaba encontrar un trabajo para sostener a su familia.

Iḥsān y yo encontramos empleo recogiendo fruta en el campo. Era duro, sin contrato y con un salario que no daba para grandes gastos... pero él estaba acostumbrado, yo no.

Hoy enviará dinero a su familia. También una carta con un bonito retrato que ha dibujado de *Sūfiyā*. A *Iḥsān* le encanta dibujar y considera que esta vez ha logrado reflejar fielmente desde la sonrisa pícara y el brillo en la mirada hasta su chal. Espera que su *wālida*[6] pueda alimentar bien al bebé.

---

6   Forma utilizada para transcribir del *darija* la palabra 'madre'.

Al terminar el trabajo, me pide que lo acompañe a la empresa de envíos. Asiento mientras me lavo las manos.

En el trayecto mencionamos la temperatura o el paisaje, pero es difícil esconder las sonrisas que se nos escapan al mirarnos. El rencor inicial ha quedado atrás, no así el vacío que dejó *Ibrāhīm*. Para mí es peor que eso: es un infierno. Aun así, la compañía de *Iḥsān* me ayuda a sobrellevar el dolor. Además, tengo la impresión de que le caigo bien.

Iḥsān abre el sobre al llegar a la puerta de la empresa y revisa el contenido para comprobar que no le falta nada. Saca la ilustración y se emociona. Por lo general, es muy serio y silencioso. No le habré escuchado decir ni cien palabras. Se nota que tiene ganas de hablar con su familia.

—Mi *mma*[7] se pondrá muy feliz —me confiesa—. Los extraño mucho.

—Me alegro por ti y por ellos —respondo secamente.

Iḥsān no responde. Aunque agradezca su silencio, me arrepiento al instante. Me interesa su vida, pero temo cogerle cariño. Aún no estoy preparado. Cuando cruzamos miradas siento un latigazo en el pecho, como si un huracán me atravesara por dentro.

---

7   Forma utilizada para transcribir del *darija* la palabra 'mamá'.

Necesito aire y tomo una bocanada con ansias de más, justo en el momento en que *Iḥsān* tira de mí hacia el interior de la oficina. Dejo escapar una risa. Creo que es la primera vez que me río desde que llegué a España.

Iḥsān se acerca al mostrador y yo no puedo dejar de mirarlo. Sé lo que me pasa: aunque no quiera admitirlo y aunque me duela, me gusta. Y reconozco que no me he portado demasiado bien con él. Creo que una parte de mí todavía lo culpa por no haberme dejado saltar. Y, a pesar de todo, me trata como a un amigo. Es una sombra cercana y protectora.

La espera se hace larga. Cuando por fin nos toca, la dependienta, una mujer próxima a la jubilación con gafas rojas y cabello gris rizado nos mira un instante. Luego prosigue con sus tareas ignorándonos, centrada en los pedidos que tiene dentro e incluso guardando cajas. Solo reacciona cuando entra otro cliente. El hombre se entretiene rellenando unos informes y, entonces, *Iḥsān* comienza a hablar en un castellano muy básico.

—Enviar dinero... *Aaaah. Mmm.* Marruecos...

La dependienta murmura algo en un tono condescendiente y el cliente, al percatarse de la situación, nos señala. Ella, muy seria, se vuelve hacia nosotros, quita el sobre de las manos de *Iḥsān* y prepara el envío.

—Gracias —le dice *Iḥsān* al hombre.

Con el paquete enviado, regresamos a casa. Ninguno de los dos habla; la actitud de esa señora nos pesa. Nos cuesta comprender por qué hay personas que nos hablan mal, con gestos hoscos y poco amables. Y ya van demasiadas veces. Aunque aún no acabe de entender el castellano, hay actitudes que no necesitan traducción.

Hoy las calles parecen más grises y frías. Aunque hay demasiado tráfico y muchos viandantes, nos sentimos solos. Alcanzo a *Iḥsān*, que va demasiado deprisa murmurando algo ininteligible. Está concentrado en sus pensamientos y solo se detiene cuando llego a tocarle el hombro.

—Déjalo estar.

—¿El qué? —*Iḥsān* suaviza el gesto.

—No puedes dejar que te afecte así. Esa mujer no merece que le demos tanta importancia, ¿no crees?

Iḥsān no deja de mirarme. Sé que reflexiona sobre mis palabras.

—¿Y si damos una vuelta? No me apetece regresar aún. —inquiere.

Acepto de buena gana. El centro de la ciudad está formado por edificios históricos que contrastan con los modernos; la fachada de la iglesia es enorme y hermosa; la calle está empedrada y da a una bonita plaza.

Me detengo en un escaparate donde se exponen unas zapatillas muy bonitas. Veo a *Iḥsān* en el reflejo del cristal tras de mí y me vuelvo justo a tiempo de interceptar una sonrisa. Siento algo extraño al mirarlo a los ojos, como si el tiempo se hubiera paralizado. Me siento alegre y desorientado. Es como si una extraña felicidad me recorriera todo el cuerpo.

—¿Qué te pasa? —me pregunta *Iḥsān* acercándose a mi lado.

Niego con la cabeza, tratando de ocultar el cosquilleo que me recorre el cuerpo y meto las manos en los bolsillos.

—Supongo que yo también estoy nervioso por todo lo que ha pasado, ya sabes —digo tratando de restar importancia a lo sucedido.

—¿Seguro?

—De verdad, no te preocupes, no es nada. Al contrario, hoy me siento bien. ¿Ves lo bonitas que están las nubes?

Iḥsān asiente desconcertado. El resto del camino lo hacemos en silencio, pero la sensación de angustia ha desaparecido. En su lugar noto cómo algo similar al cariño, a la familiaridad, crece entre nosotros.

Los días pasan rápido. Ya hace mes y medio que estamos en España y, aunque el idioma se nos atraganta y en la casa casi no cabemos, no estamos mal del todo. Cada mañana acudimos con la incertidumbre de que esa sea nuestra última jornada laboral: ya no queda uva que recoger y se está terminando el trabajo en el almacén.

Hoy, mientras nos estamos preparando para regresar a casa, la encargada sale del despacho y se nos acerca. Sandra no luce su habitual sonrisa: tiene el entrecejo fruncido.

—Ya está, chicos, se acabó. No es necesario que volváis mañana.

—Pero... —balbuceo.

—Lo siento. Hemos hecho cálculos y no podemos seguir manteniendo vuestros puestos. Os he preparado vuestro jornal. Aquí tenéis lo que os debemos —nos entrega un sobre blanco a cada uno, pero no lo miro. La realidad me golpea.

—Pero... —repito.

—Contaremos con vosotros el próximo año si seguís por aquí —añade usando el traductor de su móvil—, pero la faena fuerte aún tardará varios meses en llegar. Os recomiendo que busquéis otra cosa. Ya sabéis que yo soy solo una *mandá* que hace lo que le dicen. En fin, tengo que seguir. Hoy es un día duro, demasiadas despedidas.

Siento un frío horrible en el pecho, peor que el viento helado de la calle, porque no me puedo resguardar de él con una sudadera. Volvemos a casa en silencio, con nuestro último sueldo entre las manos. Es muy ligero, pero pesa demasiado. *Iḥsān* me mira de reojo y se muerde los labios para no romperse. Pienso en su familia y en el dinero que no podrá enviar.

Nuestra seriedad contrasta con la alegría de la gente. Pronto será Navidad y parece que en España se celebra a lo grande. Aunque falta más de un mes, unos trabajadores del ayuntamiento ya colocan las luces en el parque y hay niños que las señalan con ilusión. Me siento en un banco e invito a *Iḥsān* a acompañarme. Para mí no significan nada estas fiestas pero la decoración es bonita, hay que reconocerlo. Sin embargo, no siento esperanza ni ilusión. Sería diferente si pudiera compartir el momento con mis amigos. Un suspiro nace de mi garganta recordando a *Ibrāhīm* y cómo soñaba con esas festividades de las que tanto había escuchado hablar. Se me humedecen los ojos, pero noto la mano de *Iḥsān* en mi hombro.

—Hey, irá bien. Vamos, anímate.

—Tienes razón, perdona —me seco las lágrimas—. Vamos a casa. Mañana buscaremos trabajo.

Varios días recorremos fábricas, pero nos dicen que en invierno hay poca cosa. Seguimos insistiendo hasta que oscurece y el dolor en las piernas nos obliga a parar. Intentamos charlar, pero la preocupación nos ahoga. ¿Qué vamos a hacer si no encontramos nada?

Acudimos de nuevo a Cruz Roja. Allí nos entregan un lote de alimentos y algo de información sobre nuestra situación legal, tan básica que de poco nos sirve. En cuanto al curso de Lengua Española, la nueva edición dará comienzo en enero. Sin embargo, con solo dos horas semanales no creo que nos dé tiempo a aprender demasiado.

Una tarde, mientras hacemos un descanso, salgo a la calle sin decir nada con una idea en la cabeza. *Iḥsān* está echado en su colchón. De poco le sirve el currículum que le han traducido en el locutorio. Tiene hambre pero no quiere malgastar el dinero que le queda, con lo que aguanta sin merendar.

Al cabo de un rato, como yo me retraso, se levanta de la cama y se dirige a su mochila. Saca el mapa de la ciudad y marca la zona recorrida. No está dispuesto a rendirse.

—¿Todo bien? —le pregunta *Mālik* mientras se coloca las zapatillas de deporte.

—Podría ir mejor, nadie quiere darme trabajo —confiesa *Iḥsān* apenado.

—Seguro que al final sale algo. ¡Ánimo! Me voy a dar una vuelta, si te animas te espero.

—No, no me apetece. Además, hoy me toca a mí ordenar esto. Debería ir poniéndome.

El comedor, como somos tantos, suele estar desordenado. La casa es vieja y tiene un aspecto descuidado, con algún mueble roto y un par de puertas que ya no cuelgan porque *Aḥmad* las arregló, pero que han quedado torcidas. Casi ha terminado ya de preparar la ruta cuando aparezco por la puerta. Llevo varias libretas en las manos, algunas grandes y otras muy pequeñas, de bolsillo. También he comprado un paquete de bolígrafos.

Iḥsān, bajo el dintel de la cocina en la que se está tomando un té, me mira extrañado y sube los hombros. Entiendo la pregunta en su gesto, así que me acerco y le pido un poco del té que ha preparado. Señalando las libretas, le explico que será mucho más fácil encontrar trabajo si somos capaces de expresarnos. Le entrego una roja y me quedo con la única verde. Es mi color favorito desde niño. El color de los grandes bosques, de los árboles salvajes, de la hierba fresca... Escribo «Español» en la primera página e insto a *Iḥsān* a hacer lo mismo.

Aḥmad entra en la cocina y, al vernos tan concentrados, se une, así que ese mismo día comenzamos con las primeras palabras: hola, adiós, trabajo, uva, campo, experiencia...

Luego pongo una película con subtítulos en francés, porque en árabe no los encuentro. Por suerte, me engancho al *wifi* de algún vecino. Juntamos los colchones y traduzco lo que puedo.

La rutina se repite cada noche. A las clases improvisadas se han unido otros compañeros, así que he ido repartiendo más libretas. Ya somos seis compartiendo frases y estudiando juntos.

En una semana hemos aprendido tanto que nos sentimos capaces de todo aunque, cuando llega la mañana, la realidad nos golpea. Ninguno encuentra empleo. Una madrugada en la que las estrellas proyectan tanta luz que se puede ver con claridad escucho el rugido de las tripas de *Iḥsān*.

—¿Has comido? —le pregunto.

—Sí —miente avergonzado.

Cuando insisto, no es capaz de mirarme. Vuelve a afirmar, pero sus ojos le delatan. No ha tomado nada desde que se ha levantado. Antes cocinábamos por turnos, pero las últimas semanas han sido tan duras que hemos decidido hacerlo por separado. No hay para todos.

Aunque le ofrezco mi comida, se niega a aceptarla. Esa noche, no deja de dar vueltas. Parece que el hambre le impide descansar. Al final se levanta y se dirige hacia la cocina.

Lo escucho en silencio, haciéndome el dormido. Sigo cada uno de sus pasos desde mi colchón hasta que abre el grifo, y oigo cómo comienza a llorar. Me levanto, me acerco a la cocina y me coloco a su lado en silencio. Aunque trata de disimular, sus ojos están rojos. Casi sin pensar le seco con un dedo una lágrima traicionera. *Iḥsān* me mira.

El contacto me abrasa. Cuando recupero la capacidad para pensar, le pido que espere con un gesto. En mi mochila, guardo las galletas que siempre llevaba al trabajo. No son gran cosa, pero le saciarán el apetito. *Iḥsān* vuelve a negarse, hasta que parto una por la mitad y la comparto sin dejar de mirarlo a los ojos. Cede y come una tras otra.

—Gracias —insiste mientras mastica la última galleta.

—Estoy seguro de que tú tampoco me dejarías pasar hambre. No vuelvas a dudar, coge cuanto necesites de mis estantes. Aliméntate, déjame ayudarte.

—No quiero depender de ti.

—Me salvaste la vida. Estuve a punto de tirarme de la patera —respondo.

—No podía dejar que lo hicieras.

El silencio invade la cocina. Le hago otro gesto para que volvamos a los colchones. Con algo de comida en su cuerpo, *Iḥsān* por fin logra dormir. Yo no. Cansado de dar vueltas, cojo el móvil y busco una aplicación de lectura para seguir aprendiendo. Descargo un libro en castellano: *Tierra Firme*, de Matilde Asensi. Con el traductor aprendo algunas palabras nuevas. Escucho un ronquido de *Iḥsān* y dirijo hacia él la luz de la linterna, que me permite contemplar por un instante su expresión serena. Noto que las barreras entre nosotros están empezando a derribarse. Eso me genera esperanza.

A la mañana siguiente *Iḥsān* se despierta con el aroma del pan recién horneado en la cocina. Se acerca a curiosear, movido por el hambre. Aparezco tras él.

—Es mi cumpleaños —anuncio—. Diecinueve. He pensado que estaría bien celebrarlo con un buen desayuno. Son *mbesses*[8]. En casa los cocinábamos siempre que había algún acontecimiento.

Iḥsān asiente mirando la comida con deseo. Aunque somos de diferentes zonas de Marruecos, en su casa había una costumbre similar.

—Felicidades.

—Gracias. ¿Me ayudas a preparar el té?

—Claro —me contesta sacando el tarro de té que compartimos—. Por cierto, ¿a qué hora te has levantado? Aún es muy temprano.

—Muy pronto, no preguntes —respondo, al tiempo que saco del horno cinco panes ya cocinados.

—*Mmm* —interrumpe *Ḥakīm* entrando en la cocina. El aroma le despierta el apetito. Ya se ha desacostumbrado al agradable olor del pan recién hecho en su casa de Rabat.

Los demás también despiertan poco a poco. Desayunamos juntos y contamos anécdotas de nuestros pueblos. A pesar de que parecemos felices, noto cierta melancolía en las miradas del resto.

Tras el suculento desayuno nos separamos, aunque yo voy con *Iḥsān*. La búsqueda matinal de empleo

8 Pastel esponjoso bañado de almíbar tradicional bereber.

vuelve a resultar infructuosa. Al mediodía ya muchas fábricas han bajado la persiana.

—Da igual, seguiremos por la tarde —dice *Iḥsān* apoyándose en una pared, rendido.

—Solo una más, esa de ahí. Mira, aún no se han ido. ¡Vamos! —sugiero sin darle oportunidad de negarse y avanzo hasta la fábrica de calzado.

Para nuestra sorpresa, José Manuel, el empresario, nos ofrece un puesto. No hay mejor regalo de cumpleaños. Esa misma tarde empezamos a trabajar haciendo suelas. El jefe nos advierte que el salario es bajo y que, de momento, ni hablar de contrato... pero aceptamos. Aunque es un empleo manual muy cansado, es fácil y entretenido. Al finalizar, salimos felices: hemos cobrado por el tiempo invertido y, al menos, la próxima semana tendremos un empleo.

Es viernes y, a pesar de todo lo que ha pasado en las últimas semanas y lo poco que he dormido, tengo ganas de celebrar mi cumpleaños. Normalmente lo haría junto a mis primos, pero eso ya no será posible. Quiero desconectar. Si me quedo solo acabaré dándole vueltas en la cama pensando en *Ibrāhīm*, y un día tan especial se convertirá en una pesadilla horrible.

—Vamos al *pub* —digo desviándome del camino, sin dar otra opción a *Iḥsān*.

Él piensa en lo que suponen esos lugares: alcohol, drogas y mujeres vestidas de forma provocativa. En su aldea las tres cosas están mal. Tras un silencio, acepta. Me sorprende y me alegra a partes iguales.

—Tranquilo, no beberemos. Solo quiero gastar energía y bailar. ¡Me encanta bailar!

Iḥsān entra en un local detrás de mí, dudoso. A sus dieciocho años nunca ha estado en un lugar así. Hay tanta gente que pasamos con dificultad. Tiro de su brazo y lo llevo al fondo de la sala, donde al fin encontramos algo de hueco. Aunque yo ya me siento parte de la fiesta, *Iḥsān* parece inquieto.

—¡Venga, anímate! ¡Baila conmigo! —le insisto.

Iḥsān deja atrás sus temores y al fin se suelta. Reímos y disfrutamos de la música, aunque no es de nuestro estilo ni entendemos la letra. Las luces nos marean y nos dan sed, así que *Iḥsān* se acerca a la barra y me deja danzar feliz en mitad de la pista. Dos chicas se me acercan y se ponen a bailar conmigo. Al rato, *Iḥsān* vuelve con las bebidas en la mano.

—¡María! ¡Inés! —grito para presentárselas sin perder el ritmo.

Se me da bien bailar e *Iḥsān* intenta no desencajar. Cuando una canción lenta comienza a sonar, María se acerca más a *Iḥsān* rozándole la cadera. Le guiño un ojo pero se pone nervioso, especialmente cuando nota que la chica se aproxima cada vez más. No está acostumbrado a compartir distancias tan cortas. De pronto, María intenta besarlo y él se aparta. Confundido, se disculpa con ella y se pierde entre la gente.

El local ya está tan lleno que cuesta respirar. *Iḥsān* logra salir y aspira hondo. Lo estaba pasando bien con *Karīm*. Se pregunta por qué ha huido. El ruido de la música, demasiado alta en el interior, aún retumba en su cabeza.

No le gusta lo que ve. La discoteca está situada en un descampado, rodeada de tierra y suciedad. Se cruza con una pareja besándose con pasión apoyada en una puerta. Él le mete mano a ella e *Iḥsān* no puede evitar ver su pecho. Se siente incómodo y aparta la mirada. Le cuesta asimilar la sexualidad de esa manera tan abierta. Su *umm* siempre le ha dicho que las mujeres son sagradas y que no ha de tocarlas hasta el matrimonio, que debe respetarlas. Quiere presentarle a la prima de *Ḥasan*. Cree que debería casarse con ella, ahora que todavía es joven y hermosa. Sin embargo, solo de pensar en el compromiso, se pone nervioso.

Mientras reflexiona, avanza en dirección contraria a la discoteca. Cruza de acera para no pisar un vómito con muy mala pinta. «¿Por qué a la gente le atraerá tanto el alcohol?». Siente frío, mete las manos en los bolsillos y sigue andando. Recorre las calles con la impresión de que todas son iguales: hileras de pisos altos, viejos, de ventanas angostas y con balcones abigarrados de ropa. Se detiene y, asustado, intenta saber dónde está. Nada que le sirva para ubicarse. Vuelve sobre sus pasos pero, por más que trata de llegar a la discoteca, no lo consigue.

Siguiendo las luces de la localidad llega a un parque, se sienta en el primer banco que ve y deja escapar un lamento. Cierra los ojos y comienza a rezar en susurros. El frío se le empieza a meter en los pulmones. Con la última oración de su plegaria, una mano se posa en su hombro. La siente cálida y respira tranquilo al reconocer el aroma familiar de quien está tras él. *Allāh* lo ha escuchado. Al darse la vuelta, se cruza con los ojos enturbiados de *Karīm*, que lo miran esperanzados.

—Lo siento —en su rostro se lee una gran preocupación—, no debí dejarte solo.

Iḥsān sonríe con timidez. No sabe que *Karīm* lleva mucho tiempo buscándolo. Primero en casa con la esperanza de encontrarlo allí, después volviendo a la discoteca y luego en el descampado, donde vio a un grupo de personas peleando. Por un momento, temió lo peor. Aunque su sentido de la orientación es bueno, teme no encontrarlo. «¿Y si le pasa algo?». Al verlo en el banco, no puede evitar abrazarlo. *Iḥsān*, sorprendido, siente el corazón latir con fuerza.

—*Karīm* —susurra sin apartarse.

Necesitaban este abrazo. Mucho. Desde que se separaron de la familia, las muestras de afecto son muy escasas.

—Discúlpame —le pide *Karīm*—. Tenía miedo de perderte a ti también.

El tiempo se detiene cuando, de nuevo, sus miradas se cruzan. Vuelven a casa sin decir nada. Ya no les apetece bailar y la zona de discotecas no es un buen lugar para que dos jóvenes de origen árabe se queden a solas: saben por sus compañeros de piso que hay *skins* en el barrio.

—Tengo hambre. Vamos a tomar algo, no quiero regresar aún.

—¿Estás seguro, *Iḥsān*? Aquí casi todo lleva carne de cerdo.

Iḥsān pone una mueca de asco que hace reír a *Karīm*, dejando atrás el agobio.

—Seguro que encontramos algo.

Al final el plan no ha estado nada mal. *Karīm* le pregunta qué le ha pasado con María. *Iḥsān* confiesa que se ha relacionado con cuatro o cinco chicas, todas amigas de *Sūfiyā* y bastante más pequeñas que él. Nunca ha sentido atracción por ellas, son niñas. No conoce a chicas de su edad, quizás por eso jamás ha besado a nadie. Además, su *umm* siempre le ha advertido que solo debe besar en los labios a la mujer con la que se case. «Verse en otra piel no es piadoso ni responsable, para eso está el matrimonio. Es algo sagrado y no se debe romper», eso le ha dicho siempre.

Karīm suspira. Sus mentalidades son diferentes. Comparten deidad y algunas de sus costumbres pero no la misma libertad. Al llegar a casa, prepara un té.

—Quiero hacerte un regalo —confiesa *Iḥsān* acercándose a su mochila, de la que saca su *bloc* de dibujo.

Karīm siente curiosidad y se acerca. Mientras *Iḥsān* pasa las páginas, se reconoce en una de ellas, con la manta por debajo de sus hombros.

—Es para ti, si la quieres.

Karīm se queda sin palabras y, con la mano, *Iḥsān* le cierra la boca, divertido. El contacto lo descoloca.

—Gracias —guarda la lámina cuidadosamente en la mochila, dentro de la libreta de "Español".

—Será mejor que vayamos a descansar, es tarde —concluye *Iḥsān* sujetándose la muñeca para mirar la hora en el reloj que siempre lleva puesto.

No puedo dormir. Me siento culpable. Solo ha pasado un mes y medio y ya estoy yendo de fiesta, como si no hubiera ocurrido nada. Como si lo hubiese olvidado. Pero no es así. *Ibrāhīm* está en mi mente a todas horas, torturándome con su alegría, con su voz algo ronca y con esa energía que lo hacía inigualable. Echo de menos su genio rebelde y hasta las pequeñas discusiones que teníamos a veces.

Recuerdo una y otra vez el día que hablamos de marcharnos. Queríamos viajar, conocer el mundo y triunfar, y para eso Marruecos se nos quedaba pequeño. Nos habían llegado rumores de España. Era la entrada a Europa y allí el éxito estaba asegurado. ¿Por qué no intentarlo?

Maldigo una y otra vez a la persona que nos engañó. Qué poco le costó convencernos... Le pagamos una fortuna por subir a esa lancha que no cumplía con las condiciones de seguridad. Y encima, la promesa de prosperidad y futuro en España resultó ser una farsa más. Pienso en cuánta gente habrá como yo, personas inocentes que llegaron aquí con la mejor intención, soñando con oportunidades que quizás no existen. Pienso en volver a casa. Es lo más lógico pero, ¿cómo me recibirán mis padres? Me juzgarán, estoy seguro. Y la *wālida* de *Ibrāhīm*... No, no puedo regresar. No sería capaz de mirar a nadie a los ojos.

Además, quiero que su muerte tenga un sentido, que sirva para liberarme de las cadenas que me ataban. Si esta es la senda que *Allāh* ha escogido para mí, la tendré que aceptar.

Observo la cartera sobre la mesilla, uno de los pocos recuerdos que me quedan de casa, quizás por eso la guardo como un tesoro. Me la regaló mi tía *Khadīja*. Ese día había música, bailes, y mis padres daban vueltas felices alrededor de la hoguera. Mis primos, mis hermanos menores, los que viven con la otra familia y hasta algún que otro amigo... todos estrenaban ropa y festejaban la boda de la prima *Zuhūr*. Atrás queda todo eso. Están tan lejos... La última vez que hablé con *Zuhūr* me dijo que pronto tendría a su segunda hija. Ya debe tener dos años.

Al colocar la cartera de nuevo en la mochila, con la linterna ilumino la libreta de "Español" y la lámina de *Iḥsān*. La saco y contemplo los detalles. Toco las líneas que representan mi pelo e imagino cómo *Iḥsān* sujeta el lápiz con el que repasa cada trazo. Admiro la calma que transmite al dibujar. La ilustración es casi perfecta. Ha sabido captar el cansancio y la preocupación de estos días, pero también algo hermoso. Esperanzador.

Guardo el dibujo e ilumino el saco de dormir rojo sobre el colchón en el que descansa, tratando de no deslumbrarlo. Parece que duerme profundamente.

Al fijarme en sus largas pestañas, el corazón se me acelera, así que apago con prisa la linterna. No debería sentir esas cosas, pero no puedo evitarlo. Me doy la vuelta, empeñado en sofocar el rubor de mis mejillas solo con la respiración. No lo consigo.

El día ya ilumina el cuarto que hace las veces de comedor y habitación cuando *Iḥsān*, que apenas ha pegado ojo hasta muy avanzada la noche, se despierta. La cabeza le da vueltas y siente que la garganta le arde. La luz que pasa por la persiana le muestra un cuarto vacío. Se levanta con gran esfuerzo; le duele todo, especialmente el pecho. Es normal, el otoño se ha vuelto frío y el suelo se siente más helado bajo los colchones sin somier.

Recorre la casa y enseguida comprende que no hay nadie. No entiende por qué no lo han despertado, él nunca se salta los rezos. Se siente mareado y febril, por lo que se calienta un té, saca unas galletas del armario y acaba sentándose a desayunar en la mesa del comedor. Al apoyar su taza humeante, descubre una nota escrita a mano. Reconoce la letra de *Karīm*. Tiene una grafía perfecta. El mensaje está escrito en dos idiomas: árabe y español. «¡Qué chico más aplicado!», piensa. *Karīm* le había contado que se había preocupado por aprender algo unos días antes de embarcar en la patera. Llevan unos pocos días estudiando juntos y ya intenta mantener conversaciones con alguno de los empresarios a los que visitan, apoyándose a veces del traductor del móvil. Sin embargo, *Iḥsān* no pasa del saludo. No le está siendo nada fácil: el árabe y el español son muy distintos. Además, él fue poco tiempo al colegio porque necesitaba ayudar a sus padres con el trabajo. Siente que tendrá que esforzarse más para llegar al nivel de *Karīm*.

Se da cuenta de que otra vez está pensando en él de esa forma tan absorvente. Incapaz de estarse quieto, friega los restos del desayuno, recoge la mesa, se viste y extiende su alfombra para rezar. Cuando se estira en el suelo, pide perdón a *Allāh* por no haber ido a la mezquita y le promete hacer lo posible para que no vuelva a ocurrir.

En su aldea hay un fuerte sentimiento de respeto hacia la religión. *Allāh* es querido y temido. Los fieles guardan el máximo respeto al imán. Nadie duda de la interpretación que hace del Corán. Lo cierto es que no permite que nadie se salga de lo establecido y, si una persona se muestra diferente, opina que está retando a *Allāh* y que hay que apartarlo del redil. Por eso se señala, o incluso se destierra, a quienes difieren de su visión. La gente allí teme lo nuevo, lo distinto, lo que rompe con sus tradiciones. El imán es su guía y ellos lo respetan sin más. Siempre ha sido así.

Por eso *Iḥsān* se alegra de contar aquí con un nuevo hombre sabio que ayude a quienes lo necesitan dentro de sus posibilidades y que conozca las necesidades de su pueblo en España. Recuerda que quienes viajaban a otras ciudades más grandes contaban que los imanes solían ser más abiertos, y la presión sobre los ciudadanos menor. Piensa en su amigo *Abd al-Raḥmān*, a quien la fortuna le sonrió y lleva años trabajando en el intercambio de productos agrícolas entre Marruecos y España. Cada vez que se reencontraban, le hablaba de otras mezquitas, de otros imanes, y de cómo había lugares en los que se interpretaba el Corán de una forma bella y gloriosa, libre de prejuicios. Quienes iban a rezar el *ṣalāt*[9] lo hacían por placer, no por temor, y salían encantados de la mezquita, sintiéndose afortunados por formar parte del grupo. Esa visión de *Allāh* como alguien a quien amar, sin temor, sorprende aún a *Iḥsān*. Extraña a *Abd al-Raḥmān*.

Pero su mente regresa a *Karīm*: está tan delgado que casi se transparentan sus huesos, pero le gustan las olas rizadas en forma de cascada de su cabello, la intensidad con la que sus grandes ojos lo siguen cuando cree que no lo ve, el movimiento de esos labios carnosos y las líneas

---

9 Oración que las personas musulmanas realizan diariamente cinco veces para conectar con *Allāh*. Se transcribe *ṣalāh* (con h) cuando la palabra se usa al final de una frase o sola, y *ṣalāt* (con t) cuando la palabra es seguida por otra.

que nacen de sus manos cuando escribe poesía. ¡No puede concentrarse en el rezo!

¿Debería castigarse por lo que hace? «No, ¿qué tonterías son esas?», se dice. Se perdona a sí mismo y se promete no llegar tarde a la mezquita la próxima vez.

Recuerda la madrugada anterior: *Karīm* observando la lámina y luego mirándole mientras fingía dormir. *Iḥsān* no abrió los ojos, pero apreciaba los de su amigo fijos en él, y eso le puso nervioso. «¿Es malo eso que me hizo sentir?».

Al final, abandona el *ṣalāt* y va a la ducha. Aún le fascina abrir un grifo y que salga agua limpia con tanta naturalidad. No conoció el agua potable hasta los ocho años. Antes dependían del pozo y él, como tantos otros niños, acudía tras estudiar para cargar con dos cubos hasta su hogar. La *umm* compensaba sus viajes besando sus doloridos dedos de niño bueno.

Ḥakīm abre la puerta. Tiene una sonrisa de oreja a oreja. Tras él entran todos y un gran barullo recorre la sala. Hoy no trabajan y han pensado en abrigarse y salir a dar una vuelta por el centro de la localidad. Todavía hay muchos rincones que no conocen y tal vez puedan comer fuera en algún parque, aprovechando que hoy no hay tanta humedad. Además, aunque aún falta un poco para la Navidad, en la ciudad ya lo han decorado todo y hoy será el encendido de las luces. Para casi todos ellos esto es algo nuevo. *Iḥsān* también siente curiosidad pero se resiste. Ha faltado al *ṣalāt*, sigue mareado y no quiere malgastar dinero. *Karīm* intenta convencerlo con gesto de pena.

—¿Cómo estás? —le pregunta *Ḥakīm*—. Parece que tienes mejor aspecto que esta mañana.

—Mejor, ya no tiene fiebre —*Karīm* se adelanta y le pone una mano en la frente a *Iḥsān*.

—Estoy bien, solo un poco congestionado. Gracias por preocuparos, chicos.

Antes de marcharse *Karīm* cambia de opinión.

—Yo mejor me quedo, no tengo ganas de salir.

—Es por lo que me contaste de tu amigo, ¿verdad? —le pregunta *Ḥakīm* al verlo afectado—. Ánimo, *Karīm*, con el tiempo pasará.

—Gracias —contesta *Karīm* tragando el nudo de su garganta y con el golpe que hace la puerta al cerrarse, la vivienda se queda tranquila.

Karīm, sumido en sus pensamientos, descubre a *Iḥsān* a pocos metros. Se le desboca el corazón al mirarlo. Lo mejor sería ser natural, pero no puede. Si se acerca a él, se acelerarán aún más las ganas de entregarse a esos labios que lleva días intentando reprimir.

Da una vuelta alrededor de la sala, inquieto. No sabe qué hacer. Piensa en ignorar a *Iḥsān*, pero cree que esa sería la mejor manera de dejar al descubierto sus sentimientos.

—Lo siento. Ha sido mi culpa que no fueras, pero es que estabas ardiendo y murmurabas en sueños. No he sido capaz de entender lo que decías, creo que hablabas en otro idioma. Lo de ayer también fue mi culpa. No debí haber celebrado nada. Aún no era el momento y ahora me siento mal.

—No es tu culpa. Yo decidí ir y lo pasé bien.

Aunque no ha acompañado a sus compañeros por quedarse en casa, *Karīm* siente que estar encerrado conteniendo las ganas de abrazar a *Iḥsān*, le causa una tensión incontrolable. Así que, coge las llaves y le dice:

—Voy a dar una vuelta a ver si me despejo. Luego vengo.

Sale de la vivienda sin un destino concreto, solamente con la intención de alejarse de *Iḥsān* tanto como pueda.

¿Lo que siento está mal? ¿Y por qué es tan intenso? Paseo hasta el parque. El paisaje, sobre todo los mosaicos de las fuentes y los edificios, me recuerda vagamente al de *Agādīr*. En la fuente más alejada me permito por fin llorar. Añoro a *Ibrāhīm*, sí, pero lo que más me duele ahora es no poder cumplir lo que mi corazón quiere.

Una vez me calmo, paseo por esa especie de bosque de ensueño. Encuentro un anfiteatro donde dos niños inventan una obra en él. Al verlos, me vienen a la mente los divertidos juegos que compartía con *Ibrāhīm* en un espacio similar. Siempre juntos, siempre creando algo. Ambos éramos una fuente inagotable de creatividad. Podíamos hablar durante horas y reír sin parar por la más absurda tontería. Cantábamos hasta quedarnos sin voz o leíamos juntos algún versículo del Corán o uno de esos libros de aventuras que coleccionaba. Éramos tan... inocentes... ¿Dónde ha quedado ahora todo eso?

—Muy lejos, al fondo del mar —contesta intrusivamente mi mente, mi traicionera conciencia—. Tendrías que haber saltado.

—No pude. *Iḥsān* me lo impidió —replico en voz alta.

—Deberías odiarle.

—Lo sé. Lo intento, pero no puedo... No soy capaz. Ayúdame a frenar esto. Te lo suplico, detén esto que siento.

Mi conciencia no responde. Y ahí me rompo, llorando al punto de casi deshidratarme.

Ya es de noche cuando vuelvo a casa. Saludo y, sin cenar, me echo en la cama. Los ojos rojos me delatan, pero nadie pregunta. Ni siquiera *Iḥsān*, que se limita a bajar la mirada.

2

Amar sin permiso

𝖄𝖆 𝖊𝖘 𝖑𝖚𝖓𝖊𝖘. *Iḥsān* me despierta tras escuchar el sonido del despertador. Le pido que me deje dormir, pero insiste. Dice que llegaremos tarde si no me levanto. Le empujo, me quejo y me doy la vuelta, renegando de mis obligaciones. Ya estoy despierto, pero me hago el dormido para no tener que mirarlo. O para no tenerlo tan cerca. Lo quiero más lejos. O no. Me arde el estómago.

Iḥsān se rinde, se aleja y comienza a preparar la mochila en la que meterá su almuerzo. Aunque le molesta mi actitud, mete dos raciones de cada, consciente de que no he pasado un buen fin de semana.

Me levanto cuando el reloj indica que ya tenemos que salir. Voy a asearme y el espejo ovalado del baño me devuelve unas ojeras marcadas por el agotamiento. Me apresuro y, aunque justos, salimos de casa preparados. *Iḥsān* me echa miradas sigilosas mientras saboreo una manzana que me ha dado al saber que no he desayunado. En mi cabeza siguen vagando recuerdos hundidos entre las olas, peleando todavía en una batalla ya perdida.

Los edificios se ven enormes sobre las farolas, que proyectan sombras negruzcas en las aceras. El frío nos obliga a acelerar.

Llegamos a la fábrica y coincidimos con José Manuel, quien también acaba de llegar.

—Hola, chicos. ¡Qué frío! ¿Verdad? —asentimos. Ya captamos algunos formalismos—. Venga, pasad al fondo, en esa sala pequeña. Si viene una inspección, no salgáis. Estáis aquí sin contrato y no tengo ganas de meterme en líos.

Lo acompaña *Nāhid*, uno de sus empleados, quien traduce aquellas cosas que no entendemos. La sala está helada y es pequeña, abarrotada de aparatos inútiles y trastos acumulados, dando a la habitación un aspecto de cárcel. No reúne las condiciones mínimas para trabajar, pero no nos quejamos. Ese cuchitril es mejor que otro día más sin trabajo. Nos empleamos, afanosos por terminar las suelas para mantener el puesto que nos han dado. Nuestro descanso, siempre a la misma hora, consistirá en diez minutos escasos en los que podemos salir a tomar un aire pringado de olor a tabaco.

A pesar de todo, trabajamos sin parar. Necesitamos el dinero y cuantas más suelas recortemos, más cobraremos. *Iḥsān* se lleva algunas en una bolsa para terminarlas en casa: serán unos pocos euros más, pero todo le parece imprescindible para mantener a su familia.

El tiempo pasa. A diario, *Iḥsān* se pregunta cómo estarán los suyos. A veces me habla de ellos, de cómo cuidaba a los animales, de su cosecha, de los viajes con su *wālid*, de cómo se querían... pero a mí, desde aquel día en el parque, me cuesta levantar cabeza. El recuerdo de *Ibrāhīm* y del día de su pérdida se me sigue marcando en la cara.

Tras una semana sin interacción, *Iḥsān* se rinde y se mete en su propio mundo de pensamientos. El silencio entre ambos resulta cortante y él nota que estoy cayendo en una tristeza profunda. Verme sufrir sin poder hacer nada le resulta insoportable. Me observa sin atreverse a romper la distancia que nos separa.

Nuestras vidas se vuelven rutinarias: rezo, trabajo, comida, descanso y vuelta a empezar. Una y otra vez hasta la saciedad. Sin palabras, sin contacto con los demás. Sin quejas. El frío del exterior se ha colado en nuestros huesos y en nuestra forma de actuar.

Al decimocuarto día de trabajo me desvanezco. *Iḥsān* suelta la suela de las manos y me sujeta entre sus brazos para evitar que caiga al suelo. No es extraño, el olor a cola es cada vez mayor y el hueco que nos queda, menor.

José Manuel ha decidido guardar ahí buena parte de las telas que han traído para el nuevo pedido y nos ha encajonado aún más.

—¿Estás bien? —me dice *Iḥsān*.

—Solo dame un poco de agua —respondo con la mirada perdida y el cuerpo temblando.

—Debe de ser por la cola. Vamos un minuto al patio para que te dé el aire —sugiere acercándome su botella de agua.

—No, ni hablar. No es nada —respondo tercamente mientras estoy sudando a pesar del frío— Venga, vamos a seguir

Iḥsān no me quita el ojo de encima. Le preocupa mi salud, sabe que cada día estoy más débil.

—Voy al baño —indico. Todo gira a mi alrededor. Antes de salir me cercioro de que no haya nadie fuera. Por suerte, están todos almorzando.

Iḥsān me sigue. Me encuentra vomitando.

—No lo cuentes, por favor —suplico—. Me despedirán.

—No diré nada, tranquilo, aunque dudo que te echen por enfermar.

Iḥsān saca papel del baño para recoger todo el estropicio. No me muevo del lavabo, me tiemblan las piernas y no han parado las náuseas. *Iḥsān* echa un poco de jabón al suelo, limpiándolo con papel humedecido para disimular el hedor, se lava bien las manos y se acerca a mí. Sigo en cuclillas sobre el suelo del baño, con la cabeza agachada. Me humedece la frente, la parte trasera del cuello y el cabello. Luego, con suavidad, me seca el rostro con papel de manos. Levanto la vista agradecido y nuestras miradas se cruzan. «¿Por qué me ayudas, *Iḥsān*?»

Solo cuando se me acompasa la respiración *Iḥsān* se relaja y se aleja de mí unos centímetros. Espera a que me levante, me mire al espejo y camine un poco por el estrecho cuchitril. Luego pregunta si estoy mejor. Asiento y tiro de su brazo.

—Vamos. Ahora sí hay que seguir con el trabajo. Ve saliendo, me pego un enjuague y voy.

—Si no te encuentras bien —*Iḥsān* no parece convencido—, avísame, ¿vale? Descansas un rato y no te preocupes. Yo haré tu parte.

Lo miro sin creer lo que acabo de escuchar. Sé cuánto vale para él cada céntimo. Y, aunque sigo sin encontrarme bien, decido volver a mi puesto.

Hoy ha sido un día especialmente agotador, aún siento el revuelo de las arcadas pasadas. Frente a la fuente del Parque de la Rosa, rompo el silencio.

—Lo siento.

Iḥsān me asegura que no hay nada por lo que disculparme, pero insisto.

—Sí lo hay. He intentado evitarte un millón de veces y lo único que he conseguido es hundirme. Ya no puedo más. Lo que noto aquí dentro está mal, pero no es algo que pueda evitar. Yo... me... me... me gustas.

Iḥsān me mira boquiabierto. No dice nada. Es una confesión en toda regla. No sabe a dónde mirar cuando me responde.

—No está bien, *Karīm*.

—Lo sé, por eso te evitaba, pero así solo consigo hacerme daño. Espero que lo entiendas y no me odies... Y gracias por lo de hoy, siempre me estás ayudando.

Media sonrisa esperanzada se cuela en mis labios. Y, cuando levanto la mirada, *Iḥsān* aparta la suya con rapidez.

—No, no te odio. Al contrario. Yo… yo… —*Iḥsān* no sigue hablando, no se atreve. Sin más, acortamos las distancias, pero siento que hemos perdido parte de la pesada losa que cargamos sobre nuestras espaldas.

Gracias a la liberación que me aporta la confesión, los días se me pasan más rápido. Volvemos a hablarnos, reímos e incluso compartimos algunos ratos en nuestro tiempo libre.

A veces tengo días malos, pero cada vez son menos y, por fin, después de un mes completo, llega el día de paga. No es mucho, pero nos conformamos, orgullosos de haberlo ganado con nuestro sudor. *Iḥsān* podrá enviar dinero a casa y yo lo guardaré para, algún día, poder costearme los estudios de cinematografía. Además, el jefe está contento con nosotros y ha añadido un billete extra. Cincuenta euros de propina para cada uno.

—A los demás les he dado un jamón, pero creo que vosotros no queréis uno.

—El dinero mejor —responde *Iḥsān* agradecido.

Al salir de la fábrica vuelvo a proponer ir a bailar a algún *pub*. *Iḥsān* se niega, pero insisto tanto que acaba aceptando. Las calles principales están cubiertas de adornos y luces que invitan a perderse en ellas, e incluso hay un barrio decorado en su totalidad con muñecos de nieve, papás noeles, cascabeles y otros motivos navideños. La festividad de los europeos se puede oler en el aire, y más al pasar por delante de una pastelería con un escaparate precioso. No puedo resistirme, entro y hago que *Iḥsān* me siga. Estamos en España, ¿por qué no conocer su gastronomía?

Sé que él también se siente atraído por el aroma dulzón de la bollería recién hecha. Al final nos sentamos a tomar unos pasteles con muy buena pinta.

La cara que pone *Iḥsān* en el primer bocado es impagable. Da la impresión de que nunca antes había probado algo tan delicioso.

Iḥsān lo disfruta de verdad. En su aldea siempre han pasado penurias, así que no solían tener para caprichos. Tampoco había tiendas. Para cualquier cosa debían desplazarse hasta la ciudad en bus, y eso suponía un viaje de algo más de una hora. Y desde que la salud de su *wālid* se complicó, el consumo de azúcar en su casa se redujo a la mitad. Eso, unido al embarazo de su *umm*, hizo que no se prepararan *shbākīas, brīwāts, pa-puch* o *baklavas*[10]. Casi no

10   Dulces varios tradicionales del norte de África.

tenían tiempo de cocinar, había que limpiar la casa, cuidar el huerto, realizar los pagos, alimentar a los animales... por eso, algo tan dulce como lo que está comiendo es para él casi un sueño.

Ya que estamos en la cafetería, le pregunto por su vida en Marruecos.

—Mi familia nunca ha tenido gran cosa —me responde—. Mi *baba*[11] tenía terrenos y en ellos cultivábamos hortalizas que luego vendíamos en el mercado. No sacábamos mucho, lo suficiente para vivir y ahorrar algo para el invierno. Pero cuando mi *baba* enfermó, al ser tan caros los medicamentos, nos quedamos sin ahorros.

Iḥsān silencia su voz un instante, recordando.
—Tenemos algunos animales, pero también necesitan alimentos. Si no podemos pagarlos, se morirán. Por eso es tan importante para mí trabajar y enviarles el dinero suficiente para que allí no les falte de nada —cierra los ojos—. Nunca hemos sido afortunados, pero este año hemos llegado a pasarlo mal, muy mal. Los días sin comer ya empezaban a acumularse, y de seguir así, mi *mma*, mi *kht*[12] y el bebé habrían enfermado. Por eso decidí arriesgarlo

---

11 Forma utilizada para transcribir del *darija* la palabra 'papá'.
12 Forma utilizada para transcribir del *darija* la palabra 'hermana'.

todo y montar en esa barcaza aún sabiendo que ponía en peligro mi vida.

La última frase me golpea en la boca del estómago. Resisto como puedo la angustia al recordar a *Ibrāhīm*. Hoy no estoy dispuesto a dejar que mi conciencia me controle.

—¡Un brindis por las penas! —propongo chocando con *Iḥsān* los dos batidos de caramelo—. Vámonos, quiero bailar hasta que me duelan las piernas. Al fin y al cabo, también merecemos tener buenos recuerdos, ¿no?

Iḥsān asiente. ¿Qué hay de malo en disfrutar un rato? Dicho y hecho. Esta vez la experiencia es totalmente distinta. Bailamos sin parar.

Llegamos a casa entre risas, cuando ya las estrellas han comenzado a perder su luz. Entramos despacio, procurando guardar silencio, pero al mirarnos no podemos evitar una carcajada. Y es que *Kamāl* ronca a pierna suelta, con la baba cayéndole y el cabello hecho un lío. Por suerte, el resto no se despierta, así que nos dirigimos a la cocina, donde seguimos charlando, en voz baja.

Cuando me entra sueño, *Iḥsān* me anima a dormir. Él procurará mantenerse despierto lo que queda de madrugada para no perderse el *ṣalāh*. No quiere volver a sentirse mal por no acudir. Para aprovechar el tiempo, saca su cuaderno y comienza a garabatear escenas con una taza de té recién preparada.

Al poco rato, adormilado, se levanta de la silla y elige los ingredientes necesarios para preparar el desayuno para todos. Le encanta cocinar. Cuando lo hace, los problemas se alejan y solo quedan los magníficos aromas que caldean el ambiente. Mientras mezcla los ingredientes, piensa que con la leche del supermercado es imposible que el *râyeb*[13] sepa igual que con la leche fresca de sus propias cabras.

Un bostezo se cuela en su receta. En un cuenco grande comienza a batirlo todo. El aroma lo desplaza a los días que pasaba en el zoco junto a su *umm* y a la alegría de *Sūfiyā* cada vez que cocinaban juntos. Siempre lo hacía reír. Con ella, los juegos, los cantos y la diversión estaban garantizados. Echa la leche caliente y su vapor le recuerda la calma con la que su *wālid* preparaba el té. Lo enfría, lo tapa y deja que repose.

Como le sobra tiempo, prepara también *rghaif*[14]. Biden se levanta hambriento y va directo a su

---

13 Lácteo fermentado cremoso similar al yogur.
14 Crepe marroquí.

encuentro. Lo saluda con una mano y con la otra le roba un *rghaif*. Su cara al morderlo no deja lugar a dudas: le ha salido exquisito. Pronto se unen los demás y desayunan juntos alrededor de la enorme alfombra que ocupa toda la sala. *Bilāl* sirve el té recién hecho y *Usāma* saca miel y queso. Todos sonríen de felicidad.

—*Mmm*, mucho mejor que los yogures españoles. Podría comérmelos todos —asegura *Mālik*.

Las risas se alargan, mientras uno por uno entramos al baño para arreglarnos. Yo estoy medio dormido y me he tumbado para reponerme, con lo que llamo la atención del resto.

—*Karīm* —se acerca *Ḥakīm*—. Anda, despéjate o tendremos que poner un cubo para recogerte las babas.

—*Mmm*. Aún no me quiero mover. ¿Por qué tenemos que irnos tan pronto?

—Vamos, va —insiste—. Te perderás el *ṣalāh*.

—No he podido descansar —me quejo en voz alta.

—He pasado por delante de ti hace un rato y te aseguro que estabas más dormido que un oso en invierno —asegura *Mālik*.

—Vale, ya voy. Solo dadme un minuto.

—Date prisa y tómate algo, está riquísimo. Lo ha hecho *Iḥsān*.

—Voy enseguida —prometo, dándome la vuelta.

Cuando ya estoy dispuesto a levantarme, *Iḥsān* pasa por mi lado para recoger su colchón y ordenar la ropa. Su pie se engancha en la sábana de *Aḥmad* y con el tropiezo, cae encima de mí. Levanto los brazos rápido para evitar que me aplaste y nos hagamos daño. Quedamos tan juntos que solo nos separan un par de centímetros. Él, avergonzado, se disculpa y se aleja, pero he notado como se le aceleraba la respiración. Se aparta tanto como puede y busca a alguien distinto con quien hablar.

Acepto sus disculpas entre risas restándole importancia, aunque me duele no haber podido besarle al estar todos mirando. Me levanto y voy a la cocina, donde me bebo un vaso de té de un trago.

—¡Qué rico está! —confieso al probar el *rgayeb* de *Iḥsān*. Nunca deja de sorprenderme.

Ya es casi hora de salir. *Mālik* me cede el paso, así que aprovecho que el baño está vacío para mojarme la cara con agua del ártico. ¡Está congelada! El frío me despeja, pero no me apetece salir aún. Le digo a los demás que se adelanten, ya que quiero darme una ducha tranquila.

Cuando salgo, ya se han ido. Miro la hora en el reloj de la cocina. Hoy hemos madrugado mucho, llegaré a tiempo. Paso por el comedor, ya completamente recogido; es extraño verlo tan vacío. Bajo una maceta de hibisco, distingo algo que se ha quedado sin guardar. Me agacho y lo recojo, reconociéndolo al momento. Es uno de los lápices de *Iḥsān*. Al ir a colocarlo en el estuche descubro su libreta. La curiosidad me puede. Aunque es posible que esté invadiendo su privacidad, abro el cuaderno. En su última ilustración hay dos chicos frente a un escaparate de dulces con rostros emocionados. Me reconozco a mí mismo en la ilustración.

Sigo pasando páginas. Hay dibujos de paisajes pero, sobre todo, son los rostros de personas los que parecen hablarme. Y entonces lo veo. *Iḥsān* dibujó la patera y a la gente que había en ella. Todos pensativos, silenciosos, aguardando al futuro. Y entre todos los rostros destaca uno: el de *Ibrāhīm*. La ilustración es tan real...

En la puerta de la mezquita, *Iḥsān* se extraña porque todavía *Karīm* no haya llegado. Sus compañeros le hablan, pero él solo responde con monosílabos. Al cabo de un rato alguien más parece darse cuenta de su ausencia. El imán se acerca al grupo y charlan un rato. *Mālik* da una buena noticia: su prima se casa. El anciano les habla entonces de la importancia de esa unión y ellos escuchan concentrados sus palabras sobre valor y perdón, fuerza, amor y vida. A *Iḥsān* le agrada su forma de expresarse. Su sabiduría y su energía le atraen.

Cuando comienza el *ṣalāt*, *Iḥsān* reza y pide a *Allāh* que perdone la falta de *Karīm*. Reza también por sí mismo, por sentir lo que siente. Piensa en el matrimonio y se da cuenta de que no sería feliz compartiendo la vida con una mujer. ¿Cómo podría darle a una esposa el amor que necesita si el suyo gira en torno a otra persona? Ruega comprensión a *Allāh* por no ser capaz de evitar esos sentimientos que se supone son tan negativos.

Los fieles salen poco a poco de la mezquita; algunos se entretienen hablando. *Ḥakīm* pone sus manos sobre el hombro de *Iḥsān*. Cada vez son más amigos, ya confían el uno en el otro.

—No te preocupes, seguro que está bien —afirma.

Iḥsān asiente. No era consciente de que se le notara tanto. Al darse la vuelta, ven a *Karīm* en el fondo de la mezquita, tras una enorme columna. Su rostro refleja dolor, e *Iḥsān* se estremece por dentro.

—¿Qué le pasa a ese chico? ¿Por qué siempre lo acompaña ese aire tristón? —pregunta *Ḥakīm*.

—Llegamos en la misma patera —*Iḥsān* sube los hombros y camina hacia el exterior—. No nos conocíamos entonces. Él viajaba con un amigo, pero pasó algo... La tormenta...

Iḥsān recuerda la sonrisa de *Ibrāhīm*, que aseguraba que al llegar a España haría todo lo que estuviera en sus manos para triunfar en el mundo de la música y destacar, marcando un estilo muy distinto a los conocidos.

—Bromeaban entre ellos sobre lo que harían al llegar —continúa—. Me sorprendió escucharlos, porque mi visión de España era muy distinta. Sabía lo arriesgado que era el viaje, pero aun así decidí hacerlo. No tenía mucha elección.

—Se llamaba *Ibrāhīm* y era como mi *khu*[15] —interviene *Karīm* en la conversación—. Siempre estábamos juntos, desde niños. Era todo para mí. Mi *khu*, mi confidente, mi defensor cuando alguien me estaba acosando. Y sí, me siento culpable, no debí marcharme ni haberlo arrastrado conmigo. Fue muy duro perderlo.

—Oye —*Iḥsān* sujeta el brazo de *Karīm*—, ¿estás bien?

—Lo estaré, os lo prometo —asiente con los ojos nublados por las lágrimas—. Pero ahora no me esperéis, por favor. Necesito hablar con el imán.

—Has llegado tarde, chico —se queja el imán al verme traspasar la puerta de la mezquita.

—¿Podemos hablar? —pregunto sin voz. Me da vergüenza enfrentar la mirada de un hombre tan sabio.

---

15 *Khu* es la forma utilizada para transcribir la palabra 'hermano' en *darija*.

—Claro, *Karīm* —verbaliza el imán cambiando el tono a uno más suave—. Dime qué te ocurre. Mejor sentémonos, mis piernas ya no son las que eran.

El imán se apoya en una silla y me arrodillo, a su lado.
—Hijo, habla ya.
—No sé cómo superar la muerte de mi amigo. Yo... siento que fue mi culpa.
—¿Y lo fue? —me agarra la barbilla, obligándome a mirarle. Lo hago solo un instante, porque me dan ganas de llorar otra vez.
—No lo sé. Sí y no. Fue decisión de los dos venir. Nos dijeron que aquí había más oportunidades, que el arte, la música o el teatro tenían futuro. Y creímos que podríamos triunfar ¡Fuimos dos idiotas! *Ibrāhīm* pagó nuestro error con su vida y yo ahora vivo penando cada día —ya no puedo detener las lágrimas—. A veces siento que no merezco vivir.

El Imán asiente atento y me invita a continuar.
—Hoy he tardado un poco más que los demás en irme de casa, porque he sido el último en la ducha. Cuando iba a salir he visto la libreta con los dibujos de *Iḥsān*. Es un gran ilustrador. Él y yo llegamos juntos, en la misma patera. La había dibujado y en el centro estaba *Ibrāhīm*, mi amigo, mi mejor amigo... Todo se me ha removido. Me he bloqueado y he

comenzado a gritar, a llorar y a dar golpes contra la pared hasta hacerme daño —le enseño una de mis manos donde hay un rasguño enorme—. Solo cuando me he calmado me he atrevido a venir.

—Comprendo lo duro que es y, aunque te parezca injusto, solo *Allāh* puede decidir el tiempo que vivimos. Necesitarás aprender a continuar sin él. Piensa que contigo quedan todos los recuerdos de los que compartísteis. Lo acabarás superando, ya verás —hace una pausa para observarme, aunque permanezco en silencio—. ¿Es eso todo lo que te preocupa?

—*Ehhh*, sí —digo demasiado rápido, huyendo de su mirada.

—A *veeer*, ¿qué más hay? —insiste el imán con su tono de voz pausado.

—Nada —contesto confuso.

—¿Nada? —me mira como si supiera algo que yo no.

—Gracias por todo —rehuyo su mirada y me levanto, dispuesto a marcharme.

El imán me cede el paso sin perderme de vista. Siento sus ojos clavados en la nuca. Sé lo que quiere. Para mi propia sorpresa me vuelvo de golpe, sintiéndome juzgado antes incluso de hablar. Me acerco y le replico con un tono de voz demasiado alto, fruto del nerviosismo:

—¡Está bien! Sí hay más.

El imán indica que lo siga adentro. Se sienta en uno de los múltiples taburetes que hay pegados a la pared y me sirve un poco de té. Me quedo de pie, con la taza humeando y sin saber qué hacer.

—¿Y bien?

—*Ehmmm...* No sé cómo explicarlo. Siento cosas extrañas.

—¿Qué edad tienes, muchacho?

—Acabo de cumplir diecinueve.

—Eres muy joven. Lo que te ocurre es normal. La mujer a esta edad causa sensaciones en el cuerpo de cualquier muchacho. Debes resistirte, no avergonzarte.

—Eso es lo que me preocupa. Las mujeres aquí son bonitas e inteligentes, muy educadas y sabias. Me encanta hablar con ellas, pero no me siento atraído así. Y no conozco a muchas chicas marroquíes por aquí, la verdad. Es... es otra cosa.

Al imán le cambia el semblante. Acaba de comprender lo que oculto.

—¡Eso no! ¡Tienes que deshacerte de esos sentimientos! —exige.

—Lo he intentado pero no puedo —murmuro arrepintiéndome de estar contándoselo—. Me atrae demasiado.

—¿Habéis...?

Niego con la cabeza, aún sin atreverme a mirarlo.

—¿Quién es él? —me interroga.

—No, no, no lo diré. Él sabe lo que siento, pero nunca ha mostrado por mí más interés que el de ser mi amigo.

—Está bien, chico. Trata de no meterte en problemas y evítalo tanto como puedas. Eso no está bien. Ya hablaremos con más calma otro día. Puedes marcharte. ¡Reflexiona! —su tono es de evidente enfado e irritación.

Salgo de la mezquita cabizbajo. Estoy más perdido que cuando llegué, todo va mal. No quiero aceptar lo que ha dicho el imán; recuerdo cada una de sus palabras en el trayecto hacia donde mis amigos e *Iḥsān* me esperan.

Karīm se siente fatal. Sus compañeros lo esperan fuera de la mezquita, pero él se les acerca y les pide que se marchen tranquilos, necesita hacer un recado.

—Mi *mma* me ha llamado —miente.

Iḥsān sabe que les está engañando. *Karīm* nunca habla con su *umm* ni con ningún otro familiar.

—¿Te acompaño? —le sugiere.

—No te preocupes, es un trámite aburrido, es mejor que vaya solo.

—¿Seguro?

—Sí, claro. No os preocupéis, luego voy a casa.

Iḥsān lo mira con ojos de infinita pena, pero *Karīm* se aleja. No sabe adónde ir; solo quiere estar solo y reflexionar. Se siente pequeño rodeado de edificios enormes y grises que le recuerdan a una cárcel gigante. Decide huir hacia la montaña. «¿Por qué la vida es tan dura? ¿Por qué nada sale bien?», piensa. Cuando llega a lo alto, grita hasta que le duelen los pulmones y se deshace en lágrimas de impotencia. «¿Estoy destinado a enamorarme de un hombre? ¿Por qué me monté en aquel maldito barco? ¿Y por qué ahora siento esa fuerte atracción por *Iḥsān*?».

Permanece allí hasta que el frío empieza a colarse en su cuerpo. El asfalto lo absorbe al llegar a la ciudad, pero el nudo en la garganta sigue ahí. Se desvía otra vez del camino de vuelta cuando el murmullo de un bar sale a recibirlo. No debe beber, su religión lo prohíbe. «¿Y qué?». Se siente traicionado por *Allāh*. Además, siempre ha escuchado que el alcohol ayuda a olvidar. Supera la barrera de las voces y se encadena a la barra, donde pide una cerveza tras otra hasta que su cabeza da vueltas.

No vuelve a casa hasta la madrugada. Apenas logra mantenerse en pie. *Aḥmad* le abre, lo sujeta como puede y lo lleva hasta su colchón. Le echa una reprimenda, pero se calla al darse cuenta de que *Karīm* no lo escucha, está demasiado borracho para hacerle caso.

Cuando *Aḥmad* se aleja, *Karīm* busca a *Iḥsān* con la mirada, pero encuentra su colchón vacío. Mejor, no quiere que lo vea en este estado. Tendido en el colchón, llora sin cesar. Cuando los compañeros le preguntan qué le pasa, no responde. Se encoge aún más, cubriéndose la cara con la colcha. Llora hasta que el cansancio le obliga a dormir. Aunque no se dé cuenta, ha conseguido que el desánimo atraviese a todos los que están allí con él.

Ḥakīm e *Iḥsān* regresan agotados, horas después. Al llegar preguntan si ha vuelto *Karīm*. *Aḥmad* les hace un gesto y los lleva a la cocina. Está tan serio que temen que haya ocurrido algo.

—Compraos un móvil —les exige—, es bastante estresante no poder avisaros. Cuando *Karīm* ha regresado...

Iḥsān no espera a la explicación de *Aḥmad*, va directo a su colchón. Al verlo, se deja caer aliviado. Después vuelve a la cocina, donde *Aḥmad* cuenta todo lo ocurrido, *y* se roza el labio con el dedo índice, pensativo. Sospecha que el motivo de la tristeza de *Karīm* no es otro que la charla que ha tenido con el imán.

—Hablaré con él. Me dijo algo de que hoy era el aniversario de sus padres, quizás es por no haberlo podido celebrar con ellos —miente para protegerlo.

Finge un bostezo y sale de la cocina en busca de su colchón. No aguanta más la culpabilidad. Conforme se echa, cierra los ojos, imaginando que no va a descansar. Se siente fatal, quiere confesarle todo lo que siente hacia él, pero no se atreve.

El sábado amanece nublado. Hay un sentimiento en el aire de pérdida y duelo. Sin embargo, *Aḥmad* está exultante: ha recibido una oferta para trabajar como cocinero en un establecimiento inspirado en el encanto de Chaouen, la ciudad azul marroquí. Los dueños quieren recrear el local como si se tratara de una de las casas de la ciudad. No quieren que sea un restaurante árabe más, sino un lugar con personalidad propia, que recuerde los aromas y sabores del país. *Aḥmad* está feliz: él nació y creció allí, y ahora podrá mostrar todo lo que sabe sobre su ciudad a los españoles. Le han dado un mes de prueba y, si todo va bien, lo harán indefinido. Así podrá conseguir los papeles y tener los mismos derechos que cualquier ciudadano. Todos lo felicitan y se proponen celebrarlo, aunque la melancolía da un carácter extraño a la fiesta, al menos para *Iḥsān*.

Karīm solo ha salido del lecho para felicitar a *Aḥmad*. Se encierra en la única habitación de la casa. Prefiere dejarlos festejar tranquilos mientras él descansa. Lejos de animarse, su aflicción va a más. No puede dormir, no tiene ganas de comer, ni siquiera le apetece moverse. No sabe si es por *Iḥsān*, por *Ibrāhīm* o por todo lo que le ha faltado en casa.

Mālik entra con comida, pero le dice que no tiene hambre. Aunque se le nota desilusionado, lo deja descansar. Más tarde es *Iḥsān* el que va al cuarto. Se acerca con cara de preocupación y le pregunta cómo está. Al fin, después de varios minutos tratando de ignorarlo, *Karīm* levanta la cabeza mostrando sus profundas ojeras.

—Gracias por preocuparte por mí, *Iḥsān*. Pero de verdad, no hace falta. Supongo que necesito estar solo y descansar.

—¿Estás seguro de que no quieres que me quede? —pregunta apoyando su rodilla en el suelo para acercarse un poco más a él.

—No, *Iḥsān*. Prefiero estar solo. *Shukran*[16]. Siempre te preocupas por mí.

Con una suave caricia en el rostro de *Karīm*, el chico se aleja.

Pasan las horas y sigue inmóvil, salvo por las veces que ha ido al baño a vomitar. Finalmente, a las 17:00 sale de la cama y, tras saludar a quienes están por la casa con desgana, se instala en un rincón y reza en silencio.

---

16   Forma utilizada para transcribir del *fuṣḥā* la palabra 'gracias'.

Iḥsān ha estado pensando en *Karīm* durante toda la fiesta. Ha tratado de reír con sus amigos, involucrarse en las conversaciones, charlar… pero su concentración acababa perdiéndose entre las paredes que llevaban a la habitación contigua con las ventanas cerradas y la persiana rota. Así que, cuando la fiesta acaba, se dirige a su habitación, saca su alfombra, se planta a su lado y reza en silencio.

Aunque el tiempo pasa, *Karīm* continúa arrodillado. No levanta la cabeza, solo reza y reza. Al final, *Iḥsān* le toca el hombro y le invita a salir con él a dar un paseo. Aún tendido en el suelo lo mira un instante, niega con la cabeza y se despide de él con un ligero movimiento de cabeza. Como si hubiera olvidado que *Iḥsān* sigue ahí, se sumerge de nuevo en el rezo. Ha decidido no parar y no comer ni beber durante el tiempo que necesite para quitarse a *Iḥsān* de la cabeza. Sin embargo, con cada minuto que pasa, siente que su objetivo se aleja un poco más e imagina sus labios carnosos y exquisitos, con sabor a *rghaif* y olor a canela.

El lunes ya ha pasado casi treinta horas rezando en ayunas. Cuando se cansa de estar arrodillado, va al baño y se moja los labios con una toalla: es toda el agua que se permite beber. Apenas ha dormido, salvo por pequeñas cabezadas en la fría y dura alfombra. Su espalda cruje con cada movimiento.

Iḥsān le avisa de que es hora de arreglarse para ir al trabajo. *Karīm* asiente y se levanta con dificultad. Le duele cada hueso y le rugen las tripas. Para evitar la tentación, decide no pasar por la cocina, como si al renunciar al alimento pudiera también renunciar a su deseo.

Iḥsān lo espera apoyado en el quicio de la puerta, con la mirada perdida. *Karīm* agacha la mirada pero reconoce frente a él las deportivas desgastadas, los calcetines blancos y la tela vaquera. Hasta sus pies le gustan. ¡No puede evitarlo!

El silencio y el frío son dos compañeros más. Les abren la puerta de la fábrica con una sonrisa que no pueden devolver. Siempre disimulan ante los demás, como si tuvieran que esconder la llave de su tesoro más importante. Además, hoy hay mucho trabajo, con lo que tienen que acabar con todos los sacos rápido: el jefe espera entregar un pedido urgente antes de terminar el día.

Iḥsān trabaja sin detenerse, pero *Karīm* no puede, aunque lo intenta no tiene energía suficiente. A mediodía, *Iḥsān* termina la última plantilla del tercer saco y compara su trabajo con el de *Karīm*, siendo evidente la diferencia. Se dirige a su mochila, saca el bocadillo y advierte que *Karīm* no ha traído nada. Lo parte por la mitad, dispuesto a compartirlo, pero duda. Se acerca a él acortando tanto la distancia que *Karīm* se pone nervioso y se le escurre una suela.

—No puedes rezar todo el tiempo y dejar de comer. No sé por qué estás actuando así. Necesito saber de qué hablaste con el imán.

Karīm no responde. Recoge la suela caída y pega los retales cabizbajo, evitando cruzar miradas. *Iḥsān* insiste, esta vez cogiéndole del brazo y obligándolo a volverse hacia él.

—¿Le hablaste de mí?

Karīm le echa una mirada amenazadora. Le hierve la sangre, así que lo empuja y se desprende de su brazo, negando. *Iḥsān* insiste:

—¿Por qué me mientes?

—Déjame, por favor —suplica avergonzado ante lo débil que suena su voz—. No puedo más.

—Entonces, si tú no comes, yo tampoco debería. El castigo es el mismo para ambos.

Karīm lo mira sin decir nada. Se seca las lágrimas con un pañuelo, se acomoda en la silla frente a la mesa de trabajo y sigue con su labor. *Iḥsān* va a por otro saco, el cuarto, y al entrar continúa con la faena sin mirarlo.

Trabajan sin parar. *Iḥsān* cree que *Karīm* enfermará de seguir así. Por eso, cuando sale un momento al baño, aprovecha para colar en su saco unas cuantas plantillas terminadas, disminuyendo así la diferencia.

Cuando *Karīm* vuelve, se da cuenta de las suelas que *Iḥsān* ha metido. No son pocas, casi medio saco. Vuelve la cabeza hacia donde él trabaja en silencio, concentrado en su labor. No desea renunciar a su amistad ni quiere dejar de sentir lo que siente. ¿Por qué está así de disgustado? ¡No lo entiende! Entre suela y suela se apoya en la mesa extenuado. Una y otra vez suspira, se mete las manos en los bolsillos y se fija de nuevo en *Iḥsān*, que sigue concentrado en su trabajo. Tiene demasiada hambre y muchísimas ganas de gritar al viento lo que siente sin ser juzgado. No entiende que *Allāh* los condene. Alza la voz deshaciendo de un golpe todos los intentos de olvidarle:

—¿Me das la mitad de tu almuerzo? —señala hacia la mochila—. Lo he intentado pero cada vez soy más consciente de que no puedo luchar en contra lo que hay en mi interior.

Iḥsān se acerca a él y le entrega el bocadillo entero.

—No —suplica *Karīm*—. Almuerza conmigo.

—Pero...

—*Iḥsān*, no lo entiendo —destapa su parte del bocadillo mientras habla—. ¿Qué hay de malo en lo que siento?

Hasta ahora, sus sentimientos parecen ser un tabú. Solo han hablado de ello una vez. *Iḥsān* busca una respuesta lógica que argumente lo que cualquier imán le diría... No se le ocurre nada.

—Está mal —responde.

—¿Por qué?

—No lo sé. A ojos de *Allāh* el amor solo es posible entre un hombre y una mujer.

—¿El amor? —a *Karīm* se le para el corazón al oirle. Ha reconocido lo que siente por él. Se apoya en la pared y respira fuerte.

Iḥsān palidece al percatarse de lo que acaba de decir. ¿Es eso lo que le pasa? No lo sabe. *Karīm* le parece especial, diferente a los demás. Pensativo, tuerce la boca en un gesto de duda y deja de mirarlo, volviendo a sus plantillas.

—Déjalo, ya lo hablaremos. Será mejor que sigamos.

Karīm le hace caso y continúa con su trabajo, mordiendo de tanto en cuanto el bocadillo y bebiendo agua a pequeños sorbos. ¡Qué sed tenía! Está de mejor humor. De algún modo, sincerarse le empuja a seguir adelante. Y la confesión. Uf, qué emoción... Tanto esfuerzo por olvidarlo... Acaba trabajando a buen ritmo y con más energía.

—¡Vamos! —*Karīm* apremia a *Iḥsān* nada más terminar—. Te llevaré a un lugar en la montaña que te va a gustar. Lo encontré por casualidad. Allí podremos hablar.

Iḥsān no tiene tiempo de reflexionar y acepta sin resistirse. *Karīm* camina decidido desviándose de la ruta habitual.

No parece afectarle el cansancio que provocan las horas sin dormir. No sabe si debería seguirle, pero tiene tanto interés por descubrir qué le oculta que acelera sus pasos y se pone a su altura.

—¿Adónde me llevas? —pregunta *Iḥsān* cuando llevan un rato caminando.

—Solo sígueme —insiste *Karīm* tirando de él—. Es una sorpresa.

El camino es cada vez más complicado de escalar.

—Iba a menudo a la montaña con *Ibrāhīm* y mis amigos. Lo pasábamos bien juntos. Los riscos eran secos, como estos, y el paisaje bastante árido, pero desde lo alto podíamos contemplar la ciudad mientras el aire nos golpeaba la cara.

A su lado, *Iḥsān* observa el paisaje. Voltea la cabeza, extiende el brazo y tira de su sudadera, acortando la distancia.

—¡Mira eso! Se ve buena parte de la ciudad. ¡Es maravilloso! Gracias por traerme hasta aquí —dice intentando animarlo—. ¡Pero estoy agotado!

—Estamos sin práctica —*Karīm* ríe—. Estoy seguro de que al final lo vas a disfrutar. Es por aquí.

Minutos más tarde reduce el ritmo, hasta llegar a una roca enorme sobre la que se sube.

—Ven, colócate a mi lado y fíjate en eso —señala un punto hacia el este.

Iḥsān no ve nada al principio, salvo la antigua estructura de una torre que sobresale de los matorrales secos. *Karīm* espera, paciente, observando la reacción al paisaje que se distingue a lo lejos.

—¿Te gusta?

—Es increíble ver la ciudad desde aquí arriba. Todo parece muy pequeño.

—Esto no es todo, sígueme.

Karīm continúa caminando, esta vez por una senda dibujada en la tierra. Se topan con una torre formada por piedras de diferentes tamaños apiladas. Añaden una más arriba del todo tratando de evitar que resbale. Lo consiguen, más o menos, y ríen de puro nerviosismo.

—Es allí, vamos —insiste.

Llegan a unos restos arqueológicos. *Karīm* le muestra a *Iḥsān* un amplio complejo defensivo. Este contempla de cerca lo que queda de la torre, maravillado.

—Hay algo más. Sígueme, y mira bien donde pisas, que algunas piedras resbalan.

A los pocos pasos se detiene y hace un gesto con la mano para pedir silencio. Se quita las zapatillas y señala las de *Iḥsān* para que haga lo mismo. El suelo está helado cuando se acercan al arroyo. *Karīm* contempla el lugar, difícil de habérselo imaginado, en mitad de la ciudad en que viven.

—Había un sitio muy parecido a este en mi ciudad. Estaba escondido entre las montañas. *Ibrāhīm* y yo nos refugiábamos allí cuando no nos apetecía ver a nadie más, especialmente cuando yo discutía con mi *mma* o mi *wālid* me ignoraba.

—¿Puedo preguntarte algo? —susurra *Iḥsān* al cabo de un rato, sin dejar de mirar el paisaje—. Es sobre tu amigo, *Ibrāhīm*.

—Tranquilo... No me importa hablar de él. Y menos contigo —*Karīm* suspira mientras se apoya en una gran roca y se adelanta a la pregunta—. Era mi mejor amigo. Nunca hubo nada más entre nosotros. A él le gustaban las chicas. Mucho. Se ilusionaba fácilmente, pero ninguna novia le duró mucho. Yo le escuchaba cada vez que tenía un nuevo ligue, pero no solía hablarle de mis propios sentimientos.

—¿Entonces a ti sí te gustaba él? —pregunta *Iḥsān*. Sin esperar la respuesta, se levanta de la piedra y se arrodilla, tocando con su mano el borde del arroyo.

—Tal vez me gustara un poco, no sé. No estoy seguro. Era mi compañero de aventuras, mi confidente, a quien buscaba cuando en casa las cosas no iban bien, a quien le hablaba de mis problemas y de mis sueños —*Karīm* mira a *Iḥsān* a los ojos—. Lo que siento por ti es distinto. Es la primera vez que noto algo tan fuerte, tan claro. No sé por qué me descontrolo contigo. No entiendo por qué hay un tambor en mi pecho cuando sonríes. ¿Quieres comprobarlo? ¡Ven! Mira, toca aquí.

Iḥsān se sonroja. No contesta, no puede, no se atreve, pero comprende perfectamente la sensación de la que le habla su amigo. También él siente ese tambor golpeando fuerte su pecho. Su mirada se pierde otra vez en las piedras del arroyo. Así sigue unos instantes, escuchando el canto a viva voz de los pájaros a su alrededor, hasta que el suave tacto de *Karīm* lo devuelve a la realidad.

—No quiero obligarme a dejar de sentir —le asegura—. Me atormenta tener que alejarme de ti.

Iḥsān ha olvidado la responsabilidad, al antiguo imán, el pecado... todo. Acaricia los dedos húmedos de *Karīm* mientras lo mira por más tiempo del debido. Va a saltarse las normas y lo sabe, pero aún consciente no intenta evitarlo. Están tan cerca que se apoya en su pecho y lo besa. *Iḥsān* deja de contenerse. El deseo se apodera de su piel y se siente exultante. Esta vez el beso es más largo y apasionado. Sus labios no se separan.

Siguen besándose hasta que *Iḥsān* pasa su nariz por el cuello de *Karīm* arriba y abajo, con suavidad. Sujeta su cara y, sin dejar de mirarle, se funde una vez más en sus labios. Con cada beso, *Karīm* nota una mayor presión en sus pantalones y susurra un suave «para».

Iḥsān se detiene. *Karīm* sonríe, con el deseo aún recorriéndole la columna. *Iḥsān* se chupa los labios. Permanece a solo unos centímetros sosteniendo a *Karīm*. Se observan. *Iḥsān* sabe que necesita más.

—Déjalo aquí —pide *Karīm* en un susurro—. No quiero que nos arrepintamos.

—No me arrepentiré —murmura *Iḥsān*.

—Sí, lo harás, *Iḥsān*. Lo haremos —*Karīm* se separa unos centímetros hasta meter los pies en el arroyo helado.

—¿Crees que lo que nos ocurre está mal? ¿Deberíamos dejarlo? —duda *Iḥsān* nervioso. Sabe la respuesta del imán, de cualquier imán, de la gente de su pueblo, de la sociedad... pero no quiere aceptarla.

Karīm, sentado a su lado en la roca, con los pies a remojo en el arroyo, estrecha sus manos con más fuerza y se confiesa:

—Yo quiero estar contigo. Necesito estar contigo —deja que su cuerpo se relaje al apoyar su cabeza en el hombro de *Iḥsān*.

Me siento libre cuando me sincero. Y es que, aunque viví en una ciudad turística donde se espera que las personas sean más abiertas, no tengo buena experiencia en cuanto a prejuicios y convencionalismos. Mis padres hubieran querido que me casara con Aïssa, aunque eso no entraba en mis planes. No habría sabido quererla como a una esposa, sino como a una buena amiga. Yo quería algo distinto de lo que me ofrecía el hecho de quedarme allí, pero ellos nunca apoyaron mi decisión de marcharme. Como tenía mis propios ahorros, decidí hacerlo por mí mismo cuando un maleante me enseñó vídeos y fotografías de gente alegre viajando en patera, de personas que llegaron siendo muy pobres y ahora eran ricas, de famosos que entraron a España por el mar... No supe ver que todo era un montaje, una gran mentira creada para atraer a crédulos como *Ibrāhīm* o como yo a cambio del sustancioso pago del billete.

Estoy seguro de que para mi familia estoy muerto. Con mi desobediencia los he deshonrado, y eso no podrán perdonarlo. Desde lo de *Ibrāhīm*, en el barrio deben verme poco menos que como a un vulgar asesino.

Iḥsān se detiene a abrocharse la chaqueta gris que le han facilitado en una *ong*. Cuando termina, acelera el paso para alcanzarme. Por desgracia, tropieza con una piedra y cae sobre mí. Intento ayudarle a recuperar el equilibrio.

—¿Estás bien? —le pregunto.

—Creo que sí. Solo me he hecho un poco de daño en el tobillo —me asegura sentándose en la acera y retirándose la zapatilla.

—Deja que te vea —le pido señalándole la acera. Ambos nos sentamos, le miro el pie y se lo masajeo con cuidado—. Tranquilo, no parece nada importante. Trata de apoyarlo.

Iḥsān obedece y, al poner el pie en el suelo, hace una mueca de dolor.

—Deja que te dé un buen masaje —le digo—, te calmará el dolor. Tengo buenas manos, ya verás. A veces, mi *mma* me pedía que le hiciera alguno. A mí me encantaba dárselos.

Esos masajes eran, quizás, los únicos momentos felices que pasé junto a mi *mma*. Ahora intento que *Iḥsān*, quien no puede evitar ruborizarse, sienta una cálida sensación de alivio.

Al llegar a la vivienda, saludamos a los compañeros y nos ponemos a charlar con entusiasmo. Hambrientos, nos dirigimos a la cocina y miramos la hora: las 22:00. Cenamos algo rápido antes de acostarnos. Cada vez que nos cruzamos por el pasillo siento una tormenta de arena feroz entre el estómago y el corazón que dibuja palabras de amor en las playas marroquíes con las que sueño.

87

Ya es viernes. Por fin ha llegado la *Yumu'ah*[17]. La mañana se despierta plácidamente entre los suaves rayos de luz que entran por la ventana. Quizás en unas horas puedan desprenderse de las sudaderas. *Aḥmad* y *Mālik* son los primeros en levantarse, están de buen humor. Ponen música y los compañeros, uno a uno, se van despertando.

Iḥsān abre los ojos, se deja llevar por el sonido de la música y se pone a bailar. Sus compañeros lo miran y sonríen.

—¡Qué contento estás! —le dice *Mālik*.

Él ríe. «Es cierto», piensa. «Estoy feliz, gracias a él», se dice. No puede evitar desviar la mirada al colchón en el que aún descansa *Karīm*. A pesar de esta sensación, teme por el imán: «¿Sospechará algo?». Solo de imaginarlo, tiembla. «¿Es tan malo esto que sentimos?». No se arrepiente de lo que ha pasado.

Hay un fuerte murmullo de voces. Todos, excepto *Karīm*, se están preparando. Él se mantiene en la cama, contemplando el ritmo con el que se mueve todo a su alrededor. Una mueca de felicidad se dibuja en su cara. Cuando *Iḥsān* recoge su colchón, sus miradas se cruzan. No se hablan, pero *Karīm* hace un gesto gracioso con las cejas a modo de saludo y no puede evitar reírse. «No, estos sentimientos no pueden ser malos. *Karīm* me importa demasiado».

---

17 Viernes, día sagrado de oración en la mezquita para los hombres musulmanes.

Al fin, *Karīm* decide levantarse y se pone a la cola en el baño. Mientras espera, sus pensamientos vuelan al recordar los besos que se dieron ayer. También teme al imán, pero cree que aún así volvería a hacerlo. Y es que, a pesar de todo, se siente feliz.

Usāma sale del baño y por fin le toca su turno. El agua fría de la ducha no evita que su cuerpo reaccione al recordarlo. «Esta semana ha sido muy especial», se dice. Cuando sale, aún a medio vestir, Ḥakīm aparece frente a él.

—Los demás se han adelantado. ¡Eres muy pesado para arreglarte! ¡Termina y vamos!

—Gracias por esperarme.

—No quiero que te pase lo del otro día. Aunque... parece que estás mejor, ¿no? Tienes buena cara y he visto lo mucho que has desayunado. Tenías hambre, ¿eh?

—Estoy más animado, sí. Solo fue un momento malo.

—Puedes hablarme de lo que necesites, ¿vale? Sea lo que sea, no te voy a juzgar.

—Recordaba a mi amigo *Ibrāhīm*, por eso estaba así. No puedo evitar extrañarlo —aunque no miente, oculta el motivo real que lo llevó a hundirse.

— Tuvo que ser muy duro perderlo así —se hace un silencio largo—. *Karīm*, sé lo difícil que es vivir tan lejos de casa y no tener con quién hablar cuando te preocupa algo.

Karīm asiente agradecido. Ḥakīm es un gran amigo. Sin embargo, no se atreve a decirle que está enamorado hasta las cejas. Salen de casa y caminan por las calles del centro, cada uno perdido en sus pensamientos hasta que *Ḥakīm*, con el rostro fijo en el semáforo de peatones que permanece en rojo, le habla.

—Oye, no vuelvas a hacernos eso. No sabes lo que nos preocupaste a todos.

—Lo siento, no pretendía asustaros. Es solo que me sentía muy solo.

—Todos lo estamos, *Karīm*. Hemos dejado mucho en nuestros países y aquí tampoco nos va bien. La mayoría no tenemos trabajo y no encontramos apoyo. Mentimos a nuestras madres cuando hablamos con ellas por teléfono para que no sepan lo mal que lo estamos pasando. Bueno, es cierto que podemos contar con el imán, pero no siempre puede salvarnos de nuestros problemas, ¿no crees?

—No, *Ḥakīm*. Con el imán yo no puedo contar —*Karīm* siente que se ha abalanzado con el comentario.

—¿Y eso?

—Es algo personal. Déjalo estar.

—Está bien, pero con *Allāh* sí, ¿verdad? —*Ḥakīm* se ha detenido frente a la puerta de la mezquita.

—No tengo claro que me perdone.

—¿Por qué no habría de hacerlo? ¿Tan grave es tu falta?

Karīm se planta frente a él muy serio. El rezo está a punto de comenzar y no quiere retrasarse de nuevo. *Ḥakīm* no lo va a juzgar, está seguro. Lo conoce lo suficiente para saber que, sea lo que sea lo que le ocurra, tendrá su apoyo.

90

Le parece una persona excepcional, diferente a todas las demás. Y quizá por eso, se decide a romper el velo que oculta sus sentimientos.

—Creo... Es difícil de contar. Yo... creo que estoy enamorado de alguien —planta sus ojos en el suelo, no se atreve a mirarlo—. Alguien a quien no debería amar. ¡Es un hombre!

Por fin lo ha soltado, ahora teme la reacción de su amigo. Mientras la espera, *Karīm* fija la mirada sobre la alcantarilla que cubre el suelo a unos metros de él: colillas, un paquete de tabaco, un par de toallitas y muchas hojas de los naranjos secos que algún día adornaron la calle.

El barrio es pobre, allí vive mucha gente migrante y la mayoría no tiene demasiados recursos económicos. Quizás por eso no pasan los servicios municipales.

—Amas a *Iḥsān* —responde *Ḥakīm* y, ante la sorpresa de *Karīm*, sonríe—. El otro día, cuando salimos a buscarte, él estaba muy nervioso. No paraba de hablar de ti. Decía que si te pasaba algo sería por su culpa. Se nota que le importas mucho. Ese día me di cuenta de lo que os ocurría, y ya solo tuve que fijarme un poco más para comprobar las señales que sin querer os mandáis.

—*Ḥakīm*, yo...

—Tranquilo, vuestro secreto está a salvo conmigo. ¡Vamos dentro o el imán tendrá otro motivo para enfadarse!

—Está bien —*Karīm* avanza hacia el interior de la mezquita con decisión—. ¡Vamos! Y gracias, *Ḥakīm*.

Un fuerte aroma a incienso nos recibe cuando entramos. Respiro profundamente, necesito relajar mis pulsaciones, estoy demasiado nervioso. Me despido de *Ḥakīm* y me quedo en un rincón alejado del centro, mientras él se adentra en la profundidad del edificio. Todos rezan, respirando la paz del ambiente.

Me siento observado por el imán, aunque quizás el cruce de miradas haya sido casual. Cuando terminamos de orar, la gente comienza a marcharse, por lo que la distancia con el imán decrece. Primero responde a las dudas de un señor que acaba de llegar a España y no es capaz de orientarse, y luego debate con un joven acerca de la importancia de elegir como compañera a una buena esposa. No puedo evitar sentirme incomprendido. Aunque *Allāh* llegue a perdonarme, estoy seguro de que todos me repudiarán. Estaré solo, como cuando me apartaban e insultaban en el colegio. Desde la secundaria, en clase me consideraban afeminado, por eso acabé por aprender a caminar de una forma más masculina, endurecí la voz y procuré comprarme ropa que siguiera unos "cánones masculinos". Aprendí a esconder lo que era, todavía lo hago.

Dirijo mis pasos a la puerta de salida con la vista nublada. *Iḥsān*, a solo unos metros, charla con *Usāma* y *Ḥakīm* y no ve que yo me voy. La mezquita no está lejos de la fábrica. Todo parece apagado pese a las luces y el aspecto navideño que presenta cada rincón.

Cuando *Iḥsān* llega a la fábrica, el jefe le saluda con su habitual amabilidad desde la puerta, con un cigarrillo en la mano. Le informa de que yo ya he llegado hace rato. Parece un buen hombre, hasta intenta usar unas palabras en francés para comunicarse con él, aunque sin mucho éxito. En la aldea de *Iḥsān*, la educación suponía un gran reto. A veces me ha hablado de cómo, para estudiar, tenía que recorrer a diario una enorme distancia a pie. Allí se juntaba con niños de varias edades, todos procedentes de diferentes lugares, pobres pero trabajadores que, a pesar de la falta de recursos, ponían gran energía y esfuerzo por aprender.

Entra al almacén dispuesto a trabajar duro y lo saludo con media sonrisa y un movimiento de cabeza. Cuando se sienta, señalo una bolsa con unas cuantas suelas ya hechas.

—He llegado un poco antes —explico— y he querido devolverte el favor del otro día. Tú eres más rápido, pero he intentado hacerlo lo mejor posible. Ya te debo un poco menos. Perdona que me haya ido sin ti. No soportaba la mirada del imán por más tiempo.

Vuelvo a fijar mi atención en las suelas mientras el calor empieza a subir por mis mejillas.

—Gracias por lo de las suelas y por pararme ayer. Tenías razón —admite *Iḥsān*.

Siento cómo mueren todas mis ilusiones. Me da rabia, pero entiendo que la religión influye en *Iḥsān* más que sus propios sentimientos. Y, aunque me duela, no debemos repetir lo que ocurrió. Debería aceptar que este amor es imposible porque para él, la palabra del imán, es más importante. Y en realidad, a mí también me influye, aunque me cueste admitirlo. ¿Qué opción queda si *Iḥsān* se arrepiente de estar conmigo?

Mejor me enfoco en la tela que debo pegar a una goma. Trabajamos toda la mañana concentrados en la faena, intentando evitar el deseo. En algún momento charlamos, pero siempre sobre cosas sin importancia.

Llegamos a casa con el ánimo rozando el suelo. Yo solo quiero llorar e *Iḥsān* parece destrozado.

Fingimos que es el cansancio de un día agotador y cenamos sin ganas. Nos echamos en los colchones. Me gustaría poder olvidar todo esto tan rápido como sea posible.

Es veintitrés de diciembre y la fábrica cierra por el periodo navideño. Ya no hay faena para nosotros hasta enero. Tanto tiempo en casa no ayudará a alejar la abrasadora soledad que me quema por dentro.

Yo madrugo tanto que aún el sol no está definido en el cielo cuando salgo de casa. En mi paseo sin rumbo, llego hasta el parque que me quedé con ganas de enseñar a *Iḥsān*. Me encanta el paisaje, el ruido de las fuentes y escuchar a las aves que sobrevuelan por encima de mi cabeza, pero siento un vacío que me retuerce. Miro mi móvil. No hay nadie a quien llamar. No me atrevo a mensajear a mis amigos, los decepcionaría si les contara lo mucho que estoy sufriendo. ¿Qué he conseguido? ¿Era esto lo que buscaba? Seguro que no. ¿Volvería a Marruecos? Si al menos pudiera tener el cariño de mi *mma*... Jamás aceptaría a un hijo como yo. Ella, tan correcta siempre en las normas, perfecta, obediente, fiel y seria.

La vida de mi *mma*, transcurría lenta, siempre esperando a que llegara el domingo, el día que mi *wālid* nos visitaba. Aunque es la primera esposa, hace mucho que la principal es la otra. Incluso aceptó a la otra mujer y a sus hijos en casa cuando había celebraciones. A cambio, él le dedicaba unos minutos, quizás también algún baile. Algo que yo nunca tuve, porque acabé entendiendo desde muy niño que mi *wālid* no me quería.

El domingo era el día en el que jugaba fuera, en el patio, mientras esperaba ser llamado para comer. No eran pocas las veces que se olvidaban de mí. Si me cansaba de esperar, acudía a la casa de *Ibrāhīm*, donde su *wālida Amīna*, me trataba como uno más de sus hijos. Me servía un plato de comida y me acariciaba el pelo con cariño. Yo envidiaba ese afecto que los demás tenían a diario. Mi *mma* siempre había sido muy fría conmigo. A veces pienso si solo he representado una molestia para ella.

Aprendí que si quería sobrevivir tendría que aprender a desenvolverme por mí mismo. Con seis años, mi *wālid* se casó con la segunda esposa. Todos en el barrio los felicitaron. A fin de cuentas, mi *mma* ya no podía tener más hijos. Cuando yo nací, los médicos vieron el cordón umbilical enredado en mi cuello, por lo que tuvieron que hacer una intervención de urgencia, con consecuencias irreversibles para mi *mma*, lo cual le llevó a una depresión que la alejó de todos durante algún tiempo.

Sufrí esas consecuencias durante toda mi infancia. A temporadas, mi *mma* era muy fría y arisca: me ignoraba, se encerraba en su habitación y solo deseaba, según decía, no verme cuando despertara de nuevo. Otras veces, las menos frecuentes, llegaba a mostrarse cariñosa y a decirme que era "su ser de vida". Cuando quería acostumbrarme a recibir sus abrazos, ella de nuevo se mostraba fría.

En una de las visitas de mi *wālid*, siendo adolescente, recuerdo que me llamó *Yasīr*, con quien era completamente natural, con mis gestos, mis risas, mis amaneramientos. Eso fue mi condena en casa. No me percaté de que mi *wālid* había entrado en la habitación. Al levantar mi mirada, vi su cara de un color gris ceniciento. Sus ojos desprendían odio. Supliqué inútilmente que no me hiciera daño, pero no sirvió de nada. De un empujón, me tiró contra la pared, donde me golpeó con dureza, mientras le repetía que por mi culpa la familia iba a perder el honor, que era un desecho de la sociedad, que las personas como yo no merecían estar vivas.

Pasado el horror de los golpes y los gritos, me encerró en la habitación.

—Así aprenderás —rugió escupiendo al suelo para dejar claro el asco hacia mí.

Si con los golpes y con el encierro sufrí, hubo otro castigo peor: el trato de mi *mma*.

—Te lo mereces —insistió después de días sin hablar—. Siempre nos humillas. En el colegio, en la calle, en las fiestas... ¿Qué será lo siguiente? ¿Es que no te das cuenta de lo que haces? ¡Cambia de una vez!

Solo quería morir. Fue *Ibrāhīm* quien me sacó del desasosiego. La rabia le corroía, no soportaba los modos del *wālid*, pero esta vez había sobrepasado cualquier límite. Y justo ocurría cuando en el colegio todos se estaban volviendo en su contra.

Fue en la sexta tarde de encierro cuando *Ibrāhīm* acudió a casa y empezó a golpear la puerta hasta que mi *mma* abrió. Él ni la miró. Subió las escaleras con prisa y descorrió el pestillo. Después, se coló en mi habitación, sin permitir que lo detuvieran los gritos de mi *mma*.

—*Karīm*, si no te valoran, es problema suyo, no tuyo. Tienen un hijo maravilloso y no se enteran.

—¡Soy lo que soy y no puedo evitarlo, pero todos tienen razón! ¡Ojalá pudiera ser invisible!

—*Allāh* es grande, *Karīm*. Seguro que te quiere y te acepta como eres, igual que yo. Si todos fuéramos iguales, si nos gustaran las mismas cosas, el mundo sería un lugar muy aburrido, ¿no crees?

—Vete —le pidió mi *mma*. Él ni la miró y siguió hablando como si no la hubiera escuchado.

—Por algún motivo *Allāh* nos haría diferentes. No creo que celebre humillar a nadie por ser cómo sean. ¿Qué importa eso? Quien no vea lo que vales, ¡que se fastidie! Pero nunca te culpes por lo que una persona corta de miras sea incapaz de entender.

Tras escuchar esto, mi *mma* salió airada del cuarto pegando un portazo. *Ibrāhīm* se dio la vuelta al fin y me miró con los ojos aún llenos de rabia y preocupación.

—Pero yo...

—¿Tú qué, *Karīm*?

—Se avergüenzan de mí.

—¿Sabes qué? No aguanto más aquí, ponte la chaqueta y nos vamos a mi casa. Sabes que allí no les importa que seas tú mismo. Les gustas como eres, y a mí también.

Mi situación familiar no mejoró. Con esta inestabilidad constante en mi vida, los estudios y los amigos suplieron la soledad.

En casa de *Ibrāhīm* sentía que formaba parte de una familia feliz.

¡Cómo me gustaría que mi *mma* hubiera correspondido a mis abrazos siempre! Veo que tengo que aceptar tanto lo ocurrido en mi pasado como que mi relación con *Iḥsān* sea imposible. No sé por qué me siento tan decepcionado si, al fin y al cabo, ya estaba convencido desde el principio de que jamás funcionaría.

Iḥsān está muy lejos de allí. Hace rato que ha cogido un bus sin fijar destino. Necesita salir y ver cosas nuevas, mezclarse entre la gente y no pensar. A su mente no paran de llegar una y otra vez imágenes de *Karīm*. Pasea por lugares próximos a la estación, vigilando la hora de vuelta. Cientos de edificios altos contemplan cada uno de sus pasos, lo engullen y le dan sombra. No quiere perderse otra vez en una ciudad que no conoce.

No entiende por qué el número de personas que caminan por la calle es tan escaso, si todos los edificios están nuevos y parecen bien cuidados. Se siente desubicado, por fuera y por dentro, hasta que para su sorpresa, desde el bus, se divisa la playa.

Frente a esa maravilla azul, no entiende cómo no ha podido detectar su aroma. Iba a lo suyo y, en su inmenso mar de dudas, no había prestado atención a su olfato. Cierra los ojos e inspira sintiendo el olor a sal y a arena mojada. Al bajar, se deshace de sus deportivas y sumerge sus pies entre las olas heladas. Le impresiona el frío, pero se deja mecer por el mar y lo disfruta. Piensa de nuevo en *Karīm*, quisiera que estuviera con él. «¿Tanto importa lo que sintamos? ¿A quién hacemos daño?». Reza porque *Allāh* no los juzgue por compartir esa ilusión por algo tan bonito como es el amor.

La homosexualidad es un tema del que no se habla en Marruecos. En España es distinto desde hace tiempo, aunque bien sabe que este país tampoco está libre de prejuicios. No puede evitar fijarse en las miradas de odio de algunas personas que lo contemplan con inquietud, como si fuera un ladrón, o incluso peor, un asesino. Especialmente crueles son algunos de esos que llevan en su ropa una bandera española. No sabe por qué, pero no le gustan nada. Algunos le llegan a causar temor. «¿Quizás sea un prejuicio mío?», duda. Sus miradas siempre son amenazantes.

Saca los pies del mar, que empieza a notar furioso, y se fija en los barcos que se ven a lo lejos. Quizás alguno de ellos sea otra patera. «¡Cuánta gente habrá en la misma situación! ¡Cuántos otros que han vivido realidades mucho peores y toman la decisión de viajar como la única posibilidad de supervivencia! ¡Cuántos que vienen de mucho más lejos, huyendo de guerras o de la más absoluta pobreza! Y luego están los que, como *Karīm*, vienen engañados porque les han asegurado que Europa es el paraíso y España, la puerta de entrada a una vida mejor».

Mira su reloj. Casi es hora de coger el bus de vuelta. Se despide del mar y se dirige de nuevo a la estación, pero un pensamiento lo hace cambiar de parecer. Como aún queda algo de tiempo entra al supermercado que tiene enfrente y compra lo necesario para hacer algunos dulces caseros. Puede que la Navidad no sea su fiesta, pero no está de más aportar algo y celebrarlo con sus compañeros. Con *Ḥakīm*, *Aḥmad*, *Karīm*, *Usāma* y el resto. Necesita desconectar de los problemas. En realidad, todos lo necesitan.

Hoy el aire huele a festividad. Las navidades me sorprenden, son muy diferentes a cualquier otra celebración que haya vivido antes. Todo está iluminado, las tiendas están llenas, la felicidad está en el aire. ¡Si hasta suena música en las calles!

A pesar de que ya se está acabando la temporada, hay una mujer vendiendo castañas. Como nunca he comido antes, me acerco a curiosear. Hay varias personas haciendo cola para comprarle. Observo cómo las pelan con cuidado y cómo disfrutan de su sabor. Al decirle a la castañera que nunca las he comido, me regala unas cuantas.

—Normalmente las cobraría, pero si te gustan vendrás a por más —asegura hablándome despacio para hacerse entender.

Cuando las pruebo, la primera no me gusta. El sabor se me hace raro pero, casi sin darme cuenta, acabo con el cono. La castañera tiene razón: crean adicción, así que pido un cono grande y lo llevo a casa. Quiero que mis compañeros también las prueben.

Cuando les llega el aroma, los chicos salen a recibirme. Para mi sorpresa, *Usāma* dice que él las cultivaba en un huerto al norte de Marruecos. Sin embargo, *Iḥsān* no las ha probado y no está muy convencido de hacerlo. Coge una, pero no sabe pelarla y se desespera. Entonces se la quito y le saco la corteza, entregándole media con una sonrisa. La otra media me la como yo sin perderlo de vista. *Iḥsān* mastica, saborea y pide más. Me río y pelo otra, que esta vez se la doy entera. *Iḥsān* la devora.

Ḥakīm se empapa del ambiente festivo y empieza a cantar una canción en árabe. *Iḥsān* le sigue y también *Aḥmad*. Los observo, pero me llega un olor delicioso proveniente de la cocina y corro a comprobar qué es. Para mi sorpresa, hay muchos tipos de dulces y un magnífico cuenco de *djaj mhmar*[18], así como algunos aperitivos caseros de lo más interesantes.

—¿Quién ha hecho todo esto?

—*Iḥsān* tuvo la idea. Los demás solo hemos ayudado —responde *Ḥakīm* emocionado.

—Entonces, ¿vamos a celebrar la Navidad? —cuestiono asombrado.

—No sé. Me ha apetecido hacer algo diferente con todos —contesta *Iḥsān*—. Nos merecemos una alegría, ¿no?

—Tienes razón. Sería una lástima desperdiciar toda esta comida.

Los compañeros se unen al festín improvisado. Colocan dos mesas bajas sobre la alfombra con un mantel y las llenan con toda la comida. Un agradable barullo se cuela en la casa, alumbrada por velas con aroma a especias. Hablamos de aquello que aún nos desconcierta de España: hay gente que hace cosas raras, que viste de formas extraordinarias o que comete actos prohibidos ante sus ojos. Historias que para nosotros son toda una novedad.

La comida desaparece de los platos mientras la celebración continúa. Sin embargo, en algún momento empezamos a hablar de Marruecos y la alegría

---

18 Pollo estofado con pasas, sémola y almendras, típico plato marroquí.

disminuye. A pesar de que decidimos venir, son muchas las cosas que hemos dejado atrás con el viaje. *Kamāl* lleva desde entonces sin ver a su mujer y a sus hijos. *Jalāl* dejó a su *wālida* enferma y ha pasado semanas sin saber de ella porque no hay un teléfono al que llamar. *Muʿādh* iba a casarse cuando aquellos hombres le convencieron para embarcarse en un viaje a una vida mejor. *Bilāl* hacía tiempo que no tenía a nadie y vagabundeaba por las calles, pensó que en España podría tener una oportunidad... Cada uno tiene su historia, su razón para abandonarlo todo y arriesgar. Al final esto es la vida: un riesgo que hay que atreverse a correr, aunque por el camino haya mares y tengas que sacar los remos, aunque a veces el peligro sea extremo, aunque no siempre se pueda ganar. Aunque vuelvo a recordar a *Ibrāhīm*, no es un día para la tristeza. Todos pensamos que de vez en cuando deberíamos disfrutar de momentos así y agradecemos a *Iḥsān* por la idea.

Ya algunos se han ido a descansar al cuarto pequeño del fondo. Están recogiendo el espacio para poder acostarse cuando *Iḥsān* sale de la sala para ir al baño. Tras vaciar el recogedor, lo llevo a la cocina junto con la escoba y me dirijo al pasillo con disimulo donde espero a que salga *Iḥsān*. Miro a un lado y a otro asegurándome de que ya no queda nadie dando vueltas por la casa.

—La vida está hecha de riesgos que hay que correr, *Iḥsān*. Y yo necesito arriesgarme —le susurro poniéndole un dedo en la boca en señal de silencio. Cuando *Iḥsān* me mira con extrañeza, le planto un beso en la mejilla—. Quiero que estés conmigo, formar parte de tu vida y de ti. No sé cómo lo has hecho, pero te quiero.

Iḥsān se ha quedado boquiabierto. Se toca la cara, justo en el lugar donde le he dado el beso y me mira.

—No podemos —su mente frena sus impulsos.

—Sí podemos. Nada nos lo impedirá si los dos queremos.

—No, *Karīm*, no podemos.

Kamāl se asoma al pasillo y nos invita a volver. Van a acostarse ya. Con un gesto de cabeza, ambos le indicamos que iremos enseguida.

—Por mucho que nos esforcemos en disimularlo, es imposible acallar esto. No me obligues a perder lo único bueno que tiene mi vida. Por favor, no quiero perderte.

Iḥsān me acaricia bajo los ojos. Toca mis labios con su dedo índice y pasea por ellos masajeándolos.

—Me he prometido a mí mismo resistir la tentación de hacer esto —me dice llevándome hasta el interior del baño para evitar miradas indiscretas.

106

Sin pensarlo más, me besa. Sus caricias saben a esperanza e ilusión, pero también a temor. Tras el impulso inicial, la pasión y el placer crecen. Un último beso y me aparto sin dejar de mirarlo mientras con un gesto le indico que guarde silencio. Le hablo en susurros:

—Te espero mañana en el parque que te enseñé. A mediodía —sugiero—. Ahora vamos con los demás.

—Ve tú primero, enseguida voy —me pide sujetándome la mano en un impulso que hace que volvamos a besarnos—. Creo que necesito despejarme primero.

Fijo la mirada en la entrepierna de *Iḥsān* y, con una carcajada, salgo del baño y me dirijo al salón, donde el resto pregunta por qué tardamos tanto.

—*Iḥsān* me ha enseñado unos vídeos del jefe borracho. ¡Menudo elemento está hecho! Ya sale —digo quitándole importancia al retraso.

Es tarde, todos duermen. A pesar de la banda sonora de ronquidos, *Iḥsān* se ha desvelado. Piensa en *Karīm*, primero, y en su *wālid* después. Incapaz de conciliar el sueño, se levanta, pasa sobre los cuerpos echados y sale a la calle, cubriéndose con su chaqueta para evitar que lo vean en pijama. El recuerdo de su *wālid* se ha enredado entre sus cabellos como un nudo travieso. Lo añora, incluso más que cuando lo perdió. Era serio y obstinado, cabezota y trabajador, orgulloso, inteligente... y tenía genio, aunque raro era el día que lo veían enfadado ya que, por lo general, era tranquilo y sosegado con ellos. *Iḥsān* sabía que, pasara lo que pasara, con él siempre podía contar. Solo había una excepción: saltarse los márgenes de las leyes y la religión. «¿Qué me diría si ahora me viera? ¿Podría llegar a aceptarlo?», resonaba en su cabeza.

Adoraba a sus hijos y los educaba con corrección y seguridad, insistiendo en la importancia de que fueran personas responsables y honorables. Se encoge, tal vez si hubiera tenido la oportunidad de presentarle a *Karīm*, lo hubiera aceptado como a su propio hijo. Por desgracia, nunca podrá saber lo que le pasaría por la mente al verlos. Su *wālid* no escogió a su esposa, fue la familia quien eligió a la candidata. Por suerte, se enamoraron con rapidez. Ella, con su salero y su alegría, no tardó en despertar en él sentimientos que creía imposibles. Cuando nacieron sus hijos, su *wālid* tuvo claro que deseaba compartir el amor de su corazón. Fueron unos excelentes padres, y proporcionaron a *Iḥsān* la infancia más feliz que pudiera imaginar. Y si alguna vez se equivocaron en sus métodos, supieron disculparse.

Recuerda lo que le dijo un día su *wālid*: «Hijo mío, eres libre y, por tanto, tus errores dependen de ti. Pero si crees que te vas a equivocar, a veces el ejercicio puede pararte.

Haz deporte hasta que te duela, hasta que no aguantes el peso de tus propias piernas. Y mientras corres, reza con todas tus fuerzas. Así alejarás las malas ideas o, al menos, lo intentarás».

Con este pensamiento trepando por su cabeza, *Iḥsān* se dirige al bosque, acompañado de cerca por la luna nueva. Cuando cree que ha encontrado un lugar lo suficientemente apartado, se quita la chaqueta, que esconde en lo alto de un árbol y reza a *Allāh* todo lo que sabe. Hace frío, pero da igual; pronto estará sudando. Comienza a trotar, y aumenta la velocidad poco a poco, sin detenerse, subiendo cada vez más el ritmo hasta llevar al máximo a su cuerpo, esquivando los árboles, frenando solo cuando se encuentra con matojos altos de hierba seca.

Le gusta el deporte pero nunca ha llegado a practicarlo como un hábito. Ahora, con cada paso que da, siente a su mente traicionera que le recuerda a *Karīm* y las muchas ganas que tiene de besar sus labios jugosos.

Las piernas le duelen mucho, pero sigue, sigue más y más, recorriendo kilómetros y kilómetros de distancia. La luz cambia, las estrellas que lo acompañaban al principio de su carrera se van despidiendo poco a poco, dejando paso a un cielo anaranjado, cubierto por algunas nubes que amenazan con dejar tormenta. Continúa trotando, bajando un poco el ritmo cuando el aire que respira es inferior al oxígeno que necesita. Si sigue más quizás pueda desmayarse, pero ni por un instante ha dejado de pensar en él, no puede. *Karīm* está en su mente, siente que corre a su lado y lo acompaña mientras reza. *Iḥsān* grita y llora, preso del dolor de sus piernas y de la rabia, no de haberse enamorado, sino de saber que está prohibido, que los juzgarán y que es muy posible que su *umm* no los acepte. Y cuando cree que va a caer extenuado, aumenta el ritmo.

Las piernas le fallan y, al caer, choca contra un pedrusco enorme que le golpea en el muslo y el costado, provocándole una buena herida. Grita de dolor, pero está solo. Intenta levantarse y no lo consigue. Está tan agotado que no se puede mover. Allí, echado en el suelo, siente que está a los pies de *Allāh*. Le pide perdón con desesperación, gritando al cielo con todas sus fuerzas:

—Lo amo, *Allāh*, lo amo. Nada puedo hacer por evitarlo —las lágrimas le recorren el rostro—. Castígame si lo deseas, pero no quiero ni puedo alejarme de él.

Por primera vez lo tiene claro: si de él dependiera, no dejará a *Karīm*. Cuando su cuerpo se lo permite, *Iḥsān* mira hacia arriba y contempla el paisaje. Está amaneciendo y entre los árboles se cuelan los primeros rayos de luz. «Es precioso. ¿Será una señal de *Allāh*?», piensa. Si es así, no sabe cómo interpretarla.

Se levanta como puede y vuelve cojeando sobre sus pasos. El camino a recorrer es tan largo que le asusta. Nadie sabe dónde está, no lo encontrarán si se pierde. Tiembla y siente un pinchazo en el costado con cada movimiento. La herida, aún sangra. No puede más. Debe llevar cuarenta minutos andando cuando se apoya en un grueso árbol y toma aire, notando la fatiga que lo acompaña. Todo está borroso, se siente mareado. Examina la herida con sus manos. Está húmeda. Necesita seguir o no logrará llegar. «Un último esfuerzo. Solo unos pasos más».

En el bosque hay ruido de animales que desconoce y, ahora que va lento, los escucha tan claro que le aterran. Intenta trotar, pero la herida sangra más. Se marea y cae de nuevo al suelo, sobre un manto de hojas secas que lo protegen, pero el ruido de un motor a lo lejos le devuelve la esperanza. No puede rendirse, la carretera no está tan lejos. El sol está muy alto, el tiempo va pasando. En algún momento debe de haberse desmayado.

Encuentra una rama seca en el suelo y la usa a modo de bastón. Ya no piensa, solo siente sed y hambre. La debilidad de sus piernas lo tortura. «¿Qué hora será? Estarán preocupados por mí», piensa. El consejo de su *wālid*, llevado al extremo, es demasiado peligroso. No volverá a repetirlo. Ningún esfuerzo cambiará los sentimientos que su corazón guarda como un tesoro.

Al fin, después de horas arrastrando su cuerpo magullado, distingue un sendero que reconoce. ¡Lo ha logrado!

Un par de senderistas se acercan a él, desviándose de su ruta al verlo cojear. Le preguntan si está bien y al darse cuenta de su estado, le obligan a sentarse y revisan su herida. No hay mucho que puedan hacer por él en el camino, así que le prestan sus hombros y él apoya sus brazos. Les da las gracias como puede y se deja arrastrar por los dos señores. Después de lo que le parece una eternidad, los senderistas se despiden cuando ven que está a salvo.

Se apoya en la puerta y *Karīm*, al abrir, entra en un ataque de nervios. Ha vuelto a casa tarde, congelado y dolorido. Se apoya como puede y se dirige a la cama, donde se acuesta con ayuda de *Ḥakīm* y *Karīm*.

Metido entre las sábanas, es incapaz de responder a las preguntas de los chicos, que desisten al verlo tan agotado. En su colchón solloza en silencio, no sabe si de alegría, de tristeza o de cansancio, hasta que sus ojos se vuelven bruma y su mente se hunde en la profundidad del sueño. Justo antes de dormirse, un pensamiento pasa por su cabeza: «Ya no tengo dudas, lo amo».

Horas más tarde, cuando ya todos duermen, *Ḥakīm* me despierta. Quiere hablarme de *Iḥsān*. Ha llegado hecho polvo y cojeando, se ha metido en su colchón, derrotado y se ha dormido entre quejidos. No me gusta verlo sufrir. Trago saliva y me pregunto qué debe haber provocado esas heridas. *Ḥakīm* me dice que había salido a correr. Mi conciencia me retuerce de nuevo: «Es por ti, tú le has provocado esto. Aléjate de él. ¿O es que también lo quieres acabar matando? ¡Es tu culpa! ¡Tu culpa!»

Apenas desayuno. Cuando no hay nadie en la sala, vuelvo a acercarme y contemplo las zapatillas de *Iḥsān*, llenas de barro. Bajo con cuidado las sábanas que le tapan el cuerpo. Tiene varias heridas por todo el cuerpo. La peor es una lesión cubierta de sangre seca. La toco con cuidado y, entre sueños, *Iḥsān* se queja. Su camiseta interior está manchada de salpicaduras rojas. Ese golpe ha tenido que dolerle mucho. Durante el último año, parece que solo causo daño allá donde voy. A mi *mma*, a *Ibrāhīm* y su familia y ahora también a *Iḥsān*. No lo soporto más.

Voy a la cocina, donde *Ḥakīm* tiene tres fogones encendidos y varias cazuelas calentando algo.

—Me voy a dar una vuelta, necesito pensar —le informo.

—Claro, tarda lo que necesites. Si se despierta, yo me encargaré de él.

—Gracias.

En la casa hay un silencio al que los chicos no están acostumbrados. *Iḥsān* se despierta y mira el reloj. Las 12:00. Nunca había dormido tanto. Se levanta con dificultad y se dirige a la cocina. Devora con avidez la pasta cocinada por *Ḥakīm* hasta saciarse y después, a pesar de que no queda agua caliente, se da una ducha rápida y se arregla para ir a su cita con *Karīm*. Está nervioso. Por fin lo ve claro: lo que siente por él no es un capricho pasajero y, aunque puede que *Allāh* no lo perdone, está dispuesto a arriesgarse.

Tiene agujetas y el golpe le duele bastante, pero nada va a detener su deseo de estar con *Karīm*. Sale con tiempo. Ya casi es la hora a la que han quedado. Sin embargo, se da cuenta de que aún no ha llegado al parque. Se sienta a esperarlo, recordando la emoción que sintió cuando, hace solo unos días, se besaron.

El tiempo pasa y *Karīm* no aparece. Le extraña; ayer mismo parecía convencido de saber qué era lo que quería. Solo él tenía dudas. Pero media hora después sigue sin aparecer. Espera más, seguro de que algo ha debido retrasarlo, aunque comienza a desesperarse.

Una hora más tarde se rinde. *Karīm* no va a ir. Vuelve a casa y al llegar, lo encuentra en la cocina. Parece tranquilo, está preparando junto a *Kamāl* un plato de *zaʿalūk*[19] de berenjenas y ríen por algo que han comentado.

Iḥsān se siente traicionado. «¿Es posible que *Karīm* simplemente se haya olvidado?», se pregunta. No le habla, solo finge media sonrisa y lo trata como uno más. *Iḥsān* siente ganas de gritar, de llorar y de insultar. «¡Te amo! ¿Por qué me ignoras?», piensa.

Los días siguientes se suceden lentos e *Iḥsān* apenas habla con *Karīm*, que lo evita tanto como puede. Las heridas de *Iḥsān* sanan poco a poco, pero nada llena el revés que atraviesa su cuerpo cada vez que mira a *Karīm* con el convencimiento de haberlo perdido. Con dificultad, decide tratarlo con esa misma frialdad.

Una mañana en la que José Manuel llama a *Karīm* para convocarlos de nuevo al trabajo, se ve obligado a hablar con *Iḥsān*. Espera a estar a solas con él aunque este le dirige una mirada fría diciendo que tiene prisa por terminar de fregar.

—Quédate, por favor —casi suplica *Karīm*.

---

19   Puré frío tradicional de la gastronomía de Marruecos, a modo de aperitivo o guarnición, que consiste en berenjenas asadas o fritas con tomates, ajos, pimiento y aceite de oliva.

—Tengo planes —*Iḥsān* niega con la cabeza.

—Supongo que querrás seguir trabajando —*Karīm* respira hondo y le contesta—. Si es así, tienes que escucharme.

Iḥsān se siente ofendido. «¿Así que se trataba de eso? ¡Qué iluso! Por un momento pensé que querría darme una explicación, aunque ya dé lo mismo», se miente. «Después de dos semanas no importa. Está claro que entre nosotros no hay nada, todo lo creó mi imaginación».

Karīm empieza a hablar mientras *Iḥsān* se seca las manos. Le cuenta que el empresario los ha citado y que es posible que les haga un precontrato de prueba. Menos es nada.

—¿Cómo lo has conseguido? —inquiere *Iḥsān*.

—Llevo semanas hablando con él.

Iḥsān se alegra un poco al pensar en un ingreso estable. Sabe que, de seguir sin trabajo, tendrá que marcharse de la vivienda. *Karīm* lo mira. Hay tanto que quiere decirle... Sin embargo, calla y solo le da la mano en señal de acuerdo, quedando en verse en la fábrica para firmar el precontrato. *Iḥsān* quiere pensar que hay algo que lleva a *Karīm* a actuar con esa frialdad. En algún momento, sabe que deseó estar con él. Entonces, «¿qué hizo cambiara de esa manera conmigo?», duda. Sin embargo, no se atreve a preguntarle.

Lo que no puede imaginarse es cuánto está sufriendo *Karīm* cada vez que decide que lo mejor es apartarse de él.

En otras circunstancias, le hubiera dicho a *Iḥsān* que algo tan importante habría que celebrarlo. Lo hubiera invitado a unos dulces de esa pastelería que le gustó tanto, pero ahora no debo acercarme. Me lo he prometido a mí mismo.

Iḥsān parece no aguantar más la tensión, y suelta:
—¿Por qué, *Karīm*?
—¡¿No lo ves?! —estoy tan tenso que exploto y un millar de lágrimas empiezan a bañar mi cara.

Al ver que él no reacciona, echo a correr en dirección contraria a la vivienda. No quiero mostrarme tan débil.
—¡*Karīm*! —sale corriendo tras de mí.

Un coche se ha detenido con brusquedad. No puedo explicarme cómo no lo he visto, pero caigo al suelo de la impresión. Una mujer baja corriendo asustada y me pregunta si estoy bien. El coche no me ha tocado, ha sido solo un susto. *Iḥsān* aparece al instante, me abraza y da las gracias a la conductora por haber frenado. Yo no puedo ni reaccionar. Las sirenas de un coche de policía suenan a lo lejos, pero mi mente viaja al momento en que bajo de la patera. De nuevo me sujetan y me conducen a un lugar seguro, solo que esta vez no es la arena, sino la calzada.

Veo los ojos claros de la mujer, que vuelve a preguntarme si estoy bien. El susto le ha dejado el rostro desencajado. «Estoy, que ya es algo». *Iḥsān* se hace entender, se disculpa y se despide. Cuando ella se marcha, me toma del brazo y me acompaña hasta un banco, donde me pide que me siente.

—¿Por qué lo has hecho? —me pregunta.

Guardo silencio porque no lo sé. He actuado sin pensar. Podría haberme costado la vida. Otra vez. *Iḥsān* se levanta y empieza a dar vueltas alrededor del banco. Sigue asustado, piensa que soy un inconsciente. A la cuarta vuelta, se sitúa delante de mí y me zarandea.

—¡Necesito entenderlo! ¡Necesito que me digas por qué lo has hecho! ¿Imaginas el miedo que acabo de pasar?

—Por ti —susurro primero y luego repito como si fuera un eco—. ¡Por ti, por ti! ¡Por ti no pienso! ¿No lo ves? ¡Estás lleno de heridas! ¡Y no quiero ser la causa!

Iḥsān se deja caer de rodillas al suelo y, agarrándome la ropa, me suplica que lo mire.

—Jamás volveré a forzar así mi cuerpo, te lo prometo. Yo mismo me arrepentí de haberlo hecho. Por eso no te preocupes pero, por favor, no vuelvas a darme nunca un susto como el de hoy. Yo... no quiero perderte.

—No he visto el coche, *Iḥsān*. Creo... No estoy bien, mis ánimos están por los suelos. Este país, la falta de *Ibrāhīm* y ahora también la tuya. Todo esto es demasiado para mí. No estoy centrado. Lo siento, otra vez te he hecho sufrir.

—No importa —*Iḥsān* suspira y se vuelve hacia mí mientras me acaricia con cariño el brazo—. Todo está bien. Estaremos bien. Y si quieres, te acompañaré a ver a la psicóloga. Creo que a los dos nos vendrá bien hablar con ella. Todo esto también es difícil para mí. ¡Si ni siquiera sabía que era *gay*! Debes entender que aún lo estoy asimilando, *Karīm*. Pero me gustas, me gustas de verdad. Y quiero estar contigo a pesar de todo.

Siento alivio, aunque mil dudas giran en mi cabeza: «¿Estaremos en un círculo sin fin? ¿Podremos ser felices con tantas contradicciones?». Apoyo mi cabeza en el hombro de *Iḥsān*.

—Aquella madrugada —me explica—, por más que corría, no podía alejarte de mi pensamiento.

Entonces lo tuve claro, pero luego tú no viniste al parque y me sentí engañado. No sabía que realmente lo estabas pasando mal por mí. ¿Cómo iba a imaginarlo?

Le pongo un dedo en la boca. No quiero escuchar más. El malentendido, por no haber hablado, se había hecho muy grande. Ahora, por fin, se ha aclarado. Es suficiente. Le acaricio el pelo, e *Iḥsān* me responde con un abrazo. Poco a poco mis pulsaciones vuelven a la calma.

Todo está bien otra vez. Todo está bien.

Se ha instalado entre nosotros una calma reconfortante. Lo malo viene con el momento de ir a la mezquita. A *Iḥsān* se le revuelven las tripas solo de pensar en el imán. Yo he optado por estar más tranquilo. Quiero pensar que es imposible que *Allāh* nos aparte por entregarnos a un amor natural y apasionado.

Han pasado dos semanas desde la firma del precontrato. Por fin es sábado. Nos hemos quedado solos en casa y conversamos con tranquilidad echados en los colchones. Comentamos cuánto nos cuesta ocultar nuestros sentimientos ante los demás.

—Vamos a preparar algo para llevarnos de almuerzo y nos vamos de excursión. Te voy a enseñar uno de mis lugares favoritos.

—Espero que el lugar esté tan perdido como para poder hacer esto —me responde saliendo de entre las sábanas y paseando por los colchones como un tigre salvaje dispuesto a comerse a besos a su víctima.

Me río y respondo a su ataque abriendo la boca y dejándome saborear una vez más. Los besos que nos damos son tan escasos que la soledad en la casa es un extraño regalo.

—*Iḥsān*, para —le pido felizmente sofocado, dirigiendo mi mirada a la puerta—. Pueden entrar en cualquier momento .

—*Mmm*, está bien. ¡Ya me contengo! ¿Adónde me vas a llevar?

—Siento decirte que vamos a un lugar en el que hay gente. Aun así, creo que te encantará.

—Siempre que después podamos ir a ese "otro" lugar.

—No me *provooooooques*.

—¿Estás seguro de que no quieres que te provoque más? —*Iḥsān* levanta mucho las cejas haciéndome reír de nuevo. Poniéndose delante de mí, me impide llegar a la cocina sin pagar el peaje de más besos.

—*Iḥsān*... ¿Y si entran ahora?

—Esto se me baja de golpe. ¡Menudo susto nos darían! Pero bueno, ya qué más da. Yo solo te quiero besar.

—*Iiiiḥsān*.

Consigo controlarlo después de varios intentos y juntos preparamos un sencillo almuerzo. Con todo recogido, nos abrigamos bien y salimos de casa, dejando una nota para que no se preocupen por nosotros. Por el camino, *Iḥsān* me sigue con la inquietud de un niño que va al parque de atracciones.

—¿Un parque? —dice desilusionado.

—¡Calla y sígueme! —respondo tirando de su mano.

Pronto comienzan a aparecer fuentes y algunos edificios curiosos, un antiguo molino y hasta un estanque con patos.

—Esto es lo mejor —anuncio.

Iḥsān mira a un lado y a otro, pero no ve nada. El parque es bonito, no hay duda, aunque ese lugar en concreto no parece esconder ningún misterio. Espero paciente a que lo descubra por sí mismo. *Iḥsān* alza la mirada y lo ve: un perfecto dragón alado sobre una palmera, un tesoro oculto en plena naturaleza. Es tan real que casi podría ser de verdad.

A *Iḥsān* le cuesta cerrar la boca, con lo que sonrío satisfecho.

—Este descubrimiento me hizo reír el día que más triste estaba. Desde entonces, me he perdido varias veces por aquí. Cuando estoy solo y no sé adónde ir, vengo a verlo. Me siento en este banco y lo miro: me hace compañía.

—Piérdete conmigo ahora y deja que este dragón sea el único testigo de lo que siento por ti —sugiere *Iḥsān* tirando de mi brazo. Me lleva hasta detrás de una de las palmeras, donde me besa despacio, con una seguridad que me pilla desprevenido.

—*Iḥsān*, aquí nos van a ver.

—Estoy harto de ocultarme.

Le devuelvo el beso, acercándome más hasta su cuerpo. El olor natural de su piel hace crecer mi deseo pero, al escuchar voces de niños, me contengo y me separo. Agarrados de la mano, seguimos nuestro paseo. Y, aunque mucha gente pasa por nuestro lado, nadie nos presta demasiada atención, no más de la que nos prestan cuando vamos solos. Lo que sentimos no está castigado en este país.

Al terminar la mañana *Iḥsān* saca de su mochila dos cuencos de plástico con la ensalada que preparó antes de ir a dormir. Al verlos pienso en lo previsor que es.

—Eres increíble, siempre tan ordenado. Pero creo que aún es un poco temprano —le digo con sonrisa pícara—. ¿No había otro sitio al que querías ir?

Iḥsān sube las cejas. Aplaude mi idea. Estamos deseando compartir cada centímetro de nuestra piel. De momento, nos conformamos con besos y caricias pero necesitaremos más. Subimos la senda hacia la montaña y, tras los árboles, encontramos de nuevo el apacible rincón en el que nos dimos nuestros primeros besos.

Iḥsān se agacha y toca el agua. Sigue tan fría que le eriza la piel, pero le gusta la sensación de contraste. Me mira, se acerca y me salpica con la mano.

—¡*Eeeh*! —chillo fingiendo estar enfadado. Corto una caña y la uso como espada. Ambos nos ponemos en guardia. Empiezo la batalla pero se me enreda un pie en una gruesa raíz de árbol y acabo cayendo al suelo, sobre los juncos verdes que ocupan casi todo el espacio.

—He vencido —*Iḥsān* se acerca despacio y yo siento cómo se me acelera el pulso—. Me toca reclamar mi premio.

Me dejo conquistar por esos labios que mandan sobre mí. Ya no hablamos: nos abrazamos y nuestras pieles se mezclan. Costaría distinguir quién es quién bajo las plantas, que se mueven a nuestro ritmo. *Iḥsān* olvida el frío y arroja lejos su sudadera mientras ayudo a que se quite la camiseta. Todo sobra. Yo aún tengo la ropa puesta, cosa que *Iḥsān* no va a permitir. Tira de ella hasta deslizarla, pero no llega a quitármela; primero necesita desplazarse por mi pecho, tocar mi abdomen, lamer mi ombligo. A partir de ahí todo lo que ocurra estará "prohibido". Nos dejamos llevar. *Iḥsān* se desabrocha sus pantalones con mucho esfuerzo. Las manos le sudan de nerviosismo. Temo no poder controlarme por más tiempo. Intento alzarme, pero *Iḥsān* me sujeta con sus brazos, dejando claro que quiere que aguante, que me quede quieto, mientras se excita más y más con mi respiración.

—Para, para —soy consciente de lo que cualquiera podría decirnos.

Iḥsān me obedece, poco convencido, aunque me echa una mirada salvaje que me hace entender que quiere más. No puedo evitarlo: me alzo hasta llegar a él y hago que se tumbe. Paseo por su cuerpo hasta volverlo loco. Quiero más, ¡ambos queremos!, pero nos contenemos a pesar de lo mucho que nos deseamos y decidimos volver a nuestro paseo.

Iḥsān está pletórico y piensa que es imposible sentirse más vivo de lo que lo está ahora. Como una señal de *Allāh*, un hermoso atardecer nos acompaña de regreso a casa. El sol se esconde tras la montaña y el cielo se torna rosa, morado, naranja y azulado. Unas aves despistadas vuelan cerca y podemos disfrutar de su canto.

Ya en a casa disimulamos lo que podemos. En esos momentos donde nuestras miradas nos provocan mariposas en el estómago, la risa que nace del corazón nos delata, aunque solo *Ḥakīm* la capte. Con él, no es preciso disimular.

Día a día sienten que podrían volar, pero la vida no está hecha solo de amor. El tiempo pasa sin que haya novedades sobre el trabajo y, sin embargo, ambos son conscientes de que durante los últimos días ha habido menos faena. Con pocas suelas que hacer, es más probable que los despidan pronto. El contrato de prueba ha terminado y no tienen noticias de la renovación. Una mañana, *Iḥsān* se arma de valor y, aprovechando que *Karīm* ha salido a hacer un recado, pregunta a José Manuel.

—No hay trabajo, *Iḥsān* —le responde apesadumbrado—. De seguir así, voy a tener que cerrar la fábrica. Hoy mismo pensaba hablar con vosotros, esta crisis no me permite seguir teniéndoos por aquí. Te prometo que contaré contigo y con *Karīm* si entra faena, pero haríais bien en buscar otro empleo. Yo... no sé qué voy a hacer si no puedo pagar a la gente.

Iḥsān le agradece su sinceridad. Cree que José Manuel lo está pasando mal, que le dice la verdad. Vuelve a su puesto, donde sigue con su trabajo en silencio, pensando en cómo se lo va a decir a su compañero. Al volver del recado, *Karīm* se sienta en su banqueta frente a *Iḥsān*, que casi no levanta la cabeza para mirarlo.
—¿Va todo bien? —le pregunta desconcertado ante su actitud.

El chico asiente y sigue con el trabajo, pero su espalda se tensiona un poco más. Piensa en *Sūfiyā* que, sin su ayuda, se podría ver obligada a dejar los estudios. No quiere verla casada a la fuerza, como les ocurre a tantas mujeres en su tierra. Sabe que la clave está en la educación. Por eso quiere brindar a su *ukht* la oportunidad de aprender. Quiere que pueda elegir.

Karīm recoge rápido al terminar el turno. Sin embargo *Iḥsān* ni ha empezado a guardar sus útiles. Sigue sentado en el banco blanco de la sala, rodeado por los sacos que contienen el trabajo terminado. Permanece pensativo, aún con la bata azul puesta. *Karīm* se sitúa tras él y apoya el pie en la puerta, en una postura un poco forzada, pero que le permite asegurarse de que nadie los vea. Le acaricia el pelo y lo besa.

Iḥsān sigue serio, pero esos besos que tanto le gustan lo reponen. Le acaricia la mano, preparándose para iniciar una conversación difícil. Su mirada temblorosa anuncia problemas.

—Hay algo que te tengo que decir...

Tras escucharle *Karīm* aparta uno de los sacos repletos de telas y se sienta en el banco junto a *Iḥsān*. No puede creer que esté pasando. En cuatro días se quedarán sin trabajo. «¿Y entonces qué?».

3

La calle es un desierto

Los días de trabajo que quedan, pasan rápido. Aprovechando el último pago, *Iḥsān* va a Correos a enviar dinero en una sucursal que no cierra hasta las 20:30 mientras *Karīm* vuelve a casa.

Hoy le atiende un joven muy amable. Además, recoge una carta de su *ukht*. Se sienta en un banco de madera a leerla. Tira del papel y ve caer una foto. Ilusionado, la recoge y contempla las bonitas facciones de *Sūfiyā*. Se la ve feliz, está muy guapa con el uniforme. Abraza la foto y se relaja, al recordar todo lo que vivió con ella en la aldea. De pronto, siente unas manos que le presionan la espalda. Es la señora de la otra vez.

—Tú. Vete, que me espantas a los clientes.

Iḥsān cree no haberla entendido bien, no es posible. No hay nadie más en el establecimiento.

—¿Es que no me has oído? ¡Que te vayas, te he dicho!

Iḥsān se levanta del banco y recoge sus cosas sin prisa. La mujer lo observa con gesto serio, molesta por su presencia.

—*Rāki rāsīst*[20] —le interpela.

Ella, sumida en su estridencia, continúa soltando tantas palabrotas como se le ocurren. Por suerte o por desgracia, él solo entiende una: moro. En ese momentos, el chico que lo ha atendido sale del almacén.

—¿Pasa algo, Elena? Te he oído gritar desde fuera.

Iḥsān, en su tosco castellano, se atreve a decir:

—Ella echar a mí porque moro.

—¿En serio? —la cara del chico es de absoluta incredulidad—. ¿Cómo has podido hacer eso, Elena? —pregunta a su compañera. Después, dirige su mirada a *Iḥsān*. —Si quieres, saco el libro de reclamaciones y ponemos una incidencia. Está fatal lo que ha hecho mi compañera.

A la tal Elena el humo le sale por las orejas. *Iḥsān* dice que no es necesario, pero sale del local enfadado y desconcertado, mientras escucha de fondo al joven hablando con ella.

—Voy a dar parte de lo sucedido, Elena. Esto es intolerable.

Iḥsān llega a casa de mal humor por lo sucedido, pero se encuentra con caras de preocupación. Pregunta si pasa algo y le dicen que *Kamāl* se marcha. Han decidido que no pueden mantenerlo por más tiempo. *Iḥsān* se queda

---

20   Es usted una racista.

paralizado, sabe que las cosas están mal, pero no se lo esperaba. Aún con el rostro desencajado, se acerca a él y le pregunta cómo está.

Kamāl dormirá en la calle en pleno invierno y aun así no se queja. Piensa que *Allāh* lo protegerá. Recuerda aquella vez que él mismo durmió en la calle. Iba a viajar en patera rumbo a España, había negociado una cifra razonable con un hombre de su aldea que se dedicaba a preparar las embarcaciones migratorias. Estaba solo con una sensación de angustia que le acompañaba todo el tiempo. Fue horroroso, extrañaba a su familia, tenía frío y le aterrorizaba que lo atacaran mientras dormía, le robaran sus pertenencias o trataran de hacerle daño. Aquella noche durmió entre arbustos. Pasó miedo, hambre y necesidad, y rezó durante horas para que todo fuera lo mejor posible. Apenas pegó ojo. Por suerte, a diferencia de quienes pasaban días o semanas esperando, él solo tuvo que hacerlo un día.

Kamāl representa su mayor temor. Si te quedas en la calle, ya no hay vuelta atrás: no tienes recursos para volver a viajar. En ocasiones activan el programa de *Retorno Voluntario*, pero *Iḥsān* ni se lo plantea. Si lo pierde todo, se queda en la calle, sin nada ni nadie. El frío y la soledad serán sus compañeros de viaje. Ha de encontrar trabajo ya.

Iḥsān aprieta fuerte su mandíbula. Le da rabia no poder hacer nada por él. Entonces rebusca en su cartera hasta encontrar algo de dinero para darle. No queda mucho, ha mandado más de la mitad del salario a su *umm*. Saca un billete de cincuenta euros y se lo entrega. No hay palabras, solo una mirada de agradecimiento y un hombre que llora abrazándose a su cuerpo.

Cuando *Kamāl* ya se ha ido y todos los demás duermen, *Iḥsān* se despierta. Le extraña no ver a *Karīm* en su colchón. Como no puede descansar, se levanta y va a la cocina. Allí está. Se ha preparado un té que ha quedado olvidado sobre la mesa. Sostiene su espalda en la pared. Sus ojeras le delatan: no ha dormido nada. Entonces, *Iḥsān* le pregunta:

—Es por lo de *Kamāl*, ¿verdad? ¿*Ḥakīm* y tú también habéis apoyado esto?

—No, *Iḥsān*. Nos hemos mantenido al margen, pero han votado y casi todos han pensado que era mejor así. Ninguno quería que se marchara, está claro. *Usāma* estaba destrozado, sabes lo amigos que son.

—Es terrible...

—Compréndelos. No hay dinero, *Iḥsān*. Lleva cinco meses sin encontrar nada. Le hemos pagado sus gastos hasta ahora, pero el resto no aguantaba más.

—¿Y si nos pasa igual? —*Iḥsān* piensa en su propia situación.

Iḥsān no piensa rendirse. Le toca luchar, esforzarse. Necesita demostrarse a sí mismo que puede, que va a conseguir una vida mejor.

Tras una semana, los chicos están empezando a perder el ánimo. Ni una sola persona les ha llamado. Nadie se ha interesado en lo que pueden ofrecer. Los trabajos que hizo *Iḥsān* en la aldea no le sirven en la ciudad. *Karīm* sabe algunas lenguas y tiene conocimientos de contabilidad, pero aún no habla un castellano perfecto, por lo que los empresarios no lo toman demasiado en serio.

A ellos se le ha unido *Ḥakīm*, que se encuentra en la misma situación. Él aprendió el oficio de mecánico desde los trece en su tierra, a base de práctica. Sobre todo arreglaba tractores junto a su *wālid*, pero aquí todos le dicen lo mismo: «no tengo nada para ti», «no tienes titulación… Si la tuvieras, quizás. Vuelve cuando te la saques», o simplemente «no hay trabajo».

Al lunes siguiente acuden a la asociación que les suele ayudar con alimentos, información jurídica y apoyo psicológico. Silvia, la trabajadora social los recibe sin cita, a pesar de que tiene mucho trabajo. Los ve muy apurados y decide escucharlos. Los tres hablan a la vez. Ella no entiende nada y les pide que se calmen. *Karīm* explica que no hay trabajo y cuál es su situación, haciendo de traductor y portavoz al mismo tiempo. Silvia anota los datos que le facilita. Tres chicos. Solo un teléfono. Sin Internet, salvo en los momentos en los que la conexión es gratuita o cuando aún le quedan datos. Complicado. Prepara, paciente, la información básica para sus currículums y los cita con otra compañera.

Temporalmente les facilitarán la comida, como ya hicieron anteriormente. Les pregunta si están empadronados. Solo *Ḥakīm* lo está. Había demasiada gente en la casa y cuando fueron al ayuntamiento, les dijeron que la vivienda no cumplía las condiciones para todos, así que no pudieron empadronarse. Con todo, Silvia les sonríe y les da ánimo, prometiendo que si hay alguna oferta de empleo, les informará. Les pide que no se rindan y les trata con una amabilidad a la que no están acostumbrados.

Karīm está encantado de tratar con Silvia. Piensa que las mujeres aquí son fuertes y libres, y sus ideas son escuchadas. Las mujeres marroquíes que conoce apenas hablan con los hombres. Se les enseña desde niñas a callar, a guardar sus opiniones, a procurar pasar desapercibidas... Bueno, no todas son así. *Amīna*, por ejemplo, trabaja y toma sus propias decisiones. En su casa todos la valoran, incluso su marido. Y tiene que reconocer que él hizo amigas en el colegio felices y dicharacheras, pero prácticamente ninguna continuó estudiando en el instituto. Sabe que algunas se casaron muy jovencitas.

Tal como les ha explicado Silvia, visitan la Agencia de Desarrollo Local. La agente anota el teléfono de *Karīm* y los datos de sus currículums. No puede hacer mucho más, «ni siquiera consta vuestra existencia. Tenéis que empadronaros ya». Insiste.

Salen desilusionados y se sientan en un banco de la plaza del ayuntamiento. Sus caras son de cansancio, de desesperación, de agotamiento físico y mental. No quieren rendirse, pero por momentos el peso de sus cuerpos les puede.

—Nadie nos dijo que fuera fácil —les recuerda *Iḥsān* tratando de animarles.

—A mí sí, y a *Ibrāhīm* —*Karīm* contesta—. No nos faltaba casa para vivir, ni comida, hasta teníamos algún trabajillo que nos procuraba ingresos. Éramos estudiantes, pero teníamos un sueño. Y cuando ese hombre vino y nos aseguró que aquí podríamos cumplirlo, le creímos.

Karīm se levanta del banco y da una patada al suelo. Se le empieza a quebrar la voz—. Lo creí todo. Y al verme tan convencido, también lo hizo *Ibrāhīm*.

—*Karīm*... —*Iḥsān* nota el brillo en su mirada.

—¿Os parece si volvemos? —sugiere *Ḥakīm* con la intención de animar a *Karīm*.

Este se seca las lágrimas y se disculpa. No le gusta mostrarse tan débil, aunque no siempre puede evitarlo. Poco más adelante, *Ḥakīm* se para frente al escaparate de una panadería con dulces y salados de un aspecto inmejorable. Instintivamente, mete la mano en su bolsillo en busca de unas monedas con las que poder comprar algo. Tiene hambre, pero no entra a la tienda. Niega con la cabeza y avanza. Resistir la tentación se hace duro, pero gastar lo poco que le queda no es una opción viable. Sus amigos no lo saben, pero lleva todo el día sin tomar nada porque ha decidido ahorrar el dinero de una comida. Las tripas le suenan desde hace un rato y siente revuelto el cuerpo. De pronto, le da un ligero mareo y se apoya en la pared para no caer. *Karīm*, que lo observa, se da cuenta de todo.

—¿Estás bien?

—He tropezado —asegura y sigue como si nada.

Karīm no está muy convencido, piensa que está ocultando algo. Por si acaso, saca de su mochila las galletas y le ofrece un puñado, después también le entrega algunas a *Iḥsān* para disimular.

—¡Qué hambre tenía! —miente. En realidad solo quería ver la reacción de *Ḥakīm*, que vuelve la cara para disimular su frustración.

Al llegar a la vivienda, los tres comen en silencio, guardando en su interior el dolor que los atraviesa.

Los días se suceden sin éxito y la desesperación ya les puede. *Iḥsān* cuenta el dinero que le queda y tiembla. Apenas tiene para pasar una semana. Febrero avanza en el calendario al tiempo que disminuye su ilusión. Hay días en los que ni siquiera le apetece levantarse de la cama, se siente abandonado por *Allāh*. *Karīm* sufre altibajos emocionales constantes y *Ḥakīm* tiene las ojeras más marcadas cada día que pasa. Le encantaría poder animarles, pero tampoco tiene la energía ni el ánimo suficientes.

Iḥsān se asegura de que no haya nadie en la habitación antes de tocar el suave cabello de *Karīm*. Este reacciona suspirando aún en sueños. Las dificultades, en lugar de alejarlos, los han unido. Por eso, procura buscar una excusa para hablar con él a solas cada mañana.

Hoy *Ḥakīm* ha madrugado. En casa, los compañeros le han dado de plazo una semana para encontrar un modo de pagar su parte. Si no lo consigue, tendrá que abandonar la vivienda. Todos están dolidos, pero no hay nada que hacer, no pueden asumir más gastos que los propios. Ha acudido a todos los sitios: Cruz Roja, diversas *ong*, empresas privadas, amistades.... El lote de alimentos que le han dado en Cáritas es insuficiente para aguantar toda la semana y no le queda dinero. Así que ya no solo se salta los almuerzos, sino también las cenas. Mira el móvil que le han facilitado en una *ong*. Le han entregado las claves para conectarse a Internet a través de un proyecto de búsqueda de empleo, de este modo puede entrar a las páginas de trabajo y apuntarse a las ofertas. Lo malo es que aún no se aclara. Con su nivel de castellano, no sabe lo que tiene que rellenar, por lo que otra vez más, sin cita, vuelve a subir las escaleras y visita a Silvia, que, aunque está muy liada, deja un instante su trabajo para atenderle.

—Ḥakīm, ¿qué tal? —Silvia mira la pantalla de su ordenador; ahora no tiene tiempo de atenderle—. ¿Podrás esperarme abajo? Tengo una reunión pero, en cuanto termine, te ayudo.

Ḥakīm asiente, agradecido. Silvia no lo sabe, pero tiene un nudo en el estómago que le impide hablar. Está perdiendo todas las esperanzas de encontrar trabajo.

Casi una hora después Ḥakīm la ve aparecer. La reunión era más larga, pero Silvia ha conseguido ganar unos minutos. Cuando ha terminado, se ha disculpado con las compañeras y ha bajado a buscarlo.

Al verlo, con una seña, le pide que la siga. Ḥakīm la mira, agradecido. Ella detecta en sus ojos un ligero temblor. Está más delgado que la última vez que se vieron, mucho más que la primera. Entonces le pareció un joven musculoso y apuesto. Sigue siendo guapo, pero ha perdido ese brillo especial que tenían sus ojos, que ahora se muestran apáticos y tristones.

Silvia, que aún es nueva en su trabajo, nota cómo algo se le rompe por dentro. ¡Cuánto le gustaría poder ayudarlo! El dinero para servicios sociales es limitado y sabe que tiene que aguantar todo el año. Ha habido recortes: menos presupuesto y más casos urgentes. Le queda por delante una semana dura.

Por eso, no solo ayuda a Ḥakīm con el currículum, sino que le da esperanza. Silvia le causa gran impresión. Es delgada y bajita, pero tiene algo que transmite fuerza: una mirada de leona salvaje, capaz de comerse el mundo de un bocado.

Después de la cita con Empleo y de la visita a Silvia, sus piernas no aguantan el largo camino que lo separa de su casa. Sin embargo, hay una pizca de ilusión en él, la que le ha transmitido la trabajadora social. No puede. No debe rendirse. Jamás.

Me despierto sobresaltado al escuchar el orgulloso repiqueteo del agua golpeando el suelo. Desde que llegué a España, tanto la luz que acompaña a la tormenta como el escabroso sonido del cielo al partirse me causan un miedo atroz. Aún está todo oscuro.

Me levanto y me dirijo a la cocina. Me preparo un té porque me está entrando taquicardia. Si sigo así, la ansiedad me atacará de nuevo y no sé si la controlaré.

La lluvia cada vez es más fuerte y la presión en mi pecho también. Tembloroso, me acerco al colchón de *Iḥsān* y le toco el hombro. Cuando abre ligeramente los ojos, le pido que me acompañe: no quiero estar solo. *Iḥsān* bosteza. Está cansado y tiene pocas ganas de levantarse, pero ha leído la angustia de mi rostro.
—Dame un momento, ya voy.

Instantes después, ya en la cocina, *Iḥsān* me pregunta por qué estoy tan nervioso.
—Es por *Ḥakīm*, me preocupa —miento porque son mis propios miedos los que me mantienen aterrorizado—. Llueve mucho, ¿no crees?

Señalo hacia la ventana y la luz de un nuevo rayo me ataca. Mi rostro se contrae e *Iḥsān* comprende mi miedo. Se asoma y contempla la oscuridad de la noche. Se reflejan en el cristal algunas luces de las farolas.
—Solo es agua —saca la mano derecha por la ventana y deja que las gotas le refresquen la palma—. Y no es tan fuerte.

Me encojo más y más en la butaca de la cocina. Agacho la cabeza y pienso en cuánto disiento de su opinión. No hay nada más peligroso que el agua.

Iḥsān cierra la ventana, se acerca a mí y me da la mano. Me mira a los ojos y me acaricia la frente y el cabello. No quiere verme sufrir.

—No temas —me pide en un susurro tan cálido que me produce cosquilleos en la oreja.

Le cojo la otra mano y la acerco a mi cuerpo hasta besarnos. *Iḥsān* suspira. Le tiro del pijama y lo rodeo con mis brazos. La tormenta se me olvida al enredar mis manos en sus suaves cabellos azabache. Qué guapo está así de despeinado. Sin embargo, se aleja un metro y baja la mirada. Se escuchan unos pasos, con lo que subo mis rodillas al taburete, tratando de evitar que se descubra la hinchazón en mi entrepierna.

—Buenos días, *Aḥmad*. ¿Ya te levantas? —saludo.

—No puedo dormir, esta maldita lluvia hace que me duela el cuerpo.

Aḥmad nos enseña su cicatriz y explica que la lleva desde su viaje en patera. Uno de los remos se astilló durante la travesía y con el movimiento de las olas acabó por resquebrajarse mientras él lo sostenía.

Entonces las olas lo empujaron contra él, cortándole el brazo.

—No había remos de sobra, así que seguimos usando el roto. La herida se infectó antes de llegar al puerto y no sé lo que ocurrió al desembarcar. Debí desmayarme, porque cuando desperté estaba en una cama de hospital.

Iḥsān contempla la cicatriz. Es gruesa y muy profunda. El corte casi le llega al hueso. Por suerte, conserva el movimiento del brazo. Visto el tamaño de la herida, sabe que podría haber sido aún peor. Ahora comprendemos por qué algunas noches oímos su llanto.

—Siéntate, hoy yo prepararé el té —señala hacia el taburete.

Sonrío a *Iḥsān*, que se sonroja. *Aḥmad* intercepta nuestra mirada. Empiezo a temblar, *Iḥsān* también se ha dado cuenta. *Aḥmad* nos señala. Ha visto demasiados gestos de cariño.

—¿Vosotros...?

Iḥsān sigue con el té, tratando de disimular. No sabe adónde mirar. Y yo me pongo serio. El corazón me va a mil por hora. *Iḥsān* sirve el té sin saber qué decir. *Aḥmad* pregunta de nuevo.

—¿Entonces vosotros...?

—Por favor, no lo cuentes —digo sin mirarlo, con el temor de quien es descubierto.

Aḥmad abre mucho los ojos y arruga la nariz. Nervioso, se toma el té en silencio. Enterarse de algo así es demasiado para él, a pesar de sus sospechas. No solo es pecado; está prohibido. Si estuvieran en su pueblo, los vecinos les lanzarían piedras hasta matarlos. No tendrían piedad. Lo sabe, y ellos le piden que calle.

—No hemos hecho nada malo —le confiesa *Iḥsān* al intuir sus dudas.

—Aún no, puede ser. ¡Pero lo haréis! —*Aḥmad* levanta la voz y, al momento, *Ḥakīm* y *Jalāl* asoman la cabeza para ver qué ocurre.

Ḥakīm ve el sudor en mi frente, el desagrado en los ojos de *Aḥmad* y la seriedad en el rostro de *Iḥsān* y lo entiende todo.

—¿Pasa algo, chicos? —interrumpe en un intento de calmar el ambiente.

Cuando ve que ninguno respondemos, nos pide amablemente que preparemos más té. Los demás ya se están despertando. Al dejarnos *Ḥakīm* y *Jalāl* a solas de nuevo, *Aḥmad* nos confirma la decisión que ha tomado.

—No diré nada, pero en el plazo de una semana tenéis que marcharos. Lejos, donde nadie conozca vuestro secreto. Que *Allāh* me perdone por protegeros. Y que os perdone a vosotros, si es que puede. Sois buenos chicos, no sé cómo habéis podido caer en esto.

Aḥmad se siente mal, le da la impresión de que está actuando como el malo de una película, pero al mismo tiempo, la sola idea de defender la homosexualidad le aterra. «¿Cuántas veces me han dicho que hay que denunciarlo? No se puede permitir, va contra la propia naturaleza», se dice a sí mismo. Tiembla de impotencia al ver la súplica en el rostro de *Karīm* y, sin poder contener su angustia, se levanta del taburete y sale de la cocina, dando así por concluida la conversación. *Karīm* e *Iḥsān* se miran solo un instante, suficiente para preguntarse sin hablar: «¿Y ahora qué?».

Desde la habitación contigua escuchan gritos alterados. La lluvia es ya torrencial y descubren innumerables goteras. Las ventanas tampoco se salvan. No cierran bien, dejan entrar el frío y el viento. Los muebles se mojan y ellos no saben qué hacer para proteger la vivienda. Un trueno hace retumbar las paredes; la lluvia se vuelve demoledora. *Karīm* se tapa los oídos y se encoge, pero *Ḥakīm* lo insta a actuar. Necesitan evitar que todo se estropee. Temen que la construcción pueda venírseles encima. A pocos metros, *Iḥsān* está entretenido con la inútil tarea de poner en alto unos colchones que ya están cubiertos de agua lodosa.

La joven pareja cruza una mirada y el tiempo se detiene. *Karīm* siente cómo el corazón de *Iḥsān*, al igual que el suyo, se parte en pedazos. No es preciso hablar. El desastre es inevitable. La casa se encuentra en la zona más baja y descuidada del pueblo. No hay desagües en la calle, por lo que la gente saca el agua con cubos de sus casas. La riada avanza arrastrando consigo objetos de la calle. *Usāma* grita y *Ḥakīm* reza una plegaria pidiendo a *Allāh* que detenga la tormenta. Los demás lo siguen, pero *Karīm* e *Iḥsān* se mantienen en silencio, el primero sumido en sus pensamientos y el segundo culpándose por el desastre.

Cada uno salva lo que puede y salen a la calle empapados y asustados. *Mālik* se da cuenta de que no lleva su cartera. No es el único.

—Al menos estamos bien —dice alguien.

Nadie responde. Han perdido lo poco que tenían. De pie, en mitad de la nada, *Iḥsān* se fija en todos con detenimiento. Ha llegado la hora de despedirse. Con la mirada, hace una seña a *Karīm* para que lo siga:

—Mejor será que nos vayamos cuando acabe la tormenta. Tenías razón, el agua es peligrosa —tiene el rostro desencajado—. Esto es una señal. *Allāh* ya no nos quiere aquí y por eso nos ataca.

—Está bien. Es lo mejor, pero ¿a dónde iremos? —le pregunta *Karīm* atemorizado. A él no le preocupa traicionar a *Allāh* sino dormir en la calle.

—No lo sé. Iremos allá donde el destino nos lleve.

—Eso es una locura.

—Locura o no, *Allāh* nos está guiando, ¿no lo ves?

—Y si el imán te recomienda que me dejes o insiste mucho en que te cases, ¿lo harás?

—Espero que eso no ocurra nunca. Sería muy cruel para mí.

Karīm desvía la mirada. No se siente satisfecho con la respuesta, aunque se alegra de que al menos no le mienta.

—Solo espero que algún día no sea necesario esconder nuestro amor. Y que tú puedas aceptar lo que sientes sin culpa.

Un interminable tiempo después, las sirenas y los altavoces anuncian la ayuda de emergencia en el barrio. Han convertido el pabellón municipal en un albergue para todas aquellas personas que no tengan dónde dormir. El peligro ha pasado pero toca salvar todo aquello que puedan antes de marchar. Huele a humedad, y las ganas de marcharse de *Karīm* crecen al inhalar el hedor incómodo de la ropa. Tocará dejar la que está empapada. Guarda la ropa seca en la mochila, que conservaba en una percha detrás de la puerta, y se dirige a la nevera para recuperar las pocas provisiones que la lluvia no ha estropeado. Saca el móvil del bolsillo y lo mira. Angustiado, se da cuenta de que no podrá cargar la batería. Lo guarda de nuevo y avisa a *Iḥsān* de que lo tiene todo listo. Melancólico, se apoya en el marco de la puerta de la cocina, donde sus compañeros hablan del desastre que ha causado la tormenta. Otra vez dejan todo atrás para empezar de cero, sin saber lo que les deparará el futuro.

Karīm tiene miedo. Esta vez no lo considera una aventura ni quiere despedirse de lo que tiene. Le duele marcharse. *Ḥakīm* les indica que están a punto de marcharse.

—No vamos a ir con vosotros —reconoce.

Extrañado, *Ḥakīm* le pide explicaciones, asegurándose de que nadie más les escucha.

—Nos vamos, *Iḥsān* y yo. *Aḥmad* sabe lo nuestro y nos ha amenazado con contarlo. No nos queda más opción que alejarnos —confiesa *Karīm* dolido.

—Lo siento —se apena *Ḥakīm*—. Aún no puedo ir con vosotros. Silvia me ha llamado esta mañana, antes de la tormenta. Es posible que empiece a trabajar en unos días. Tengo tu número, te llamaré. No perderemos el contacto.

—Nosotros también te llamaremos, *khu*. Ojalá disfrutes pronto de tu nuevo trabajo.

—Gracias. *Insha'Allah*. Si me entero de algo, os avisaré. Tenedlo por seguro.

Salen de la casa junto a los demás, pero doblan por la esquina contraria en silencio, sin despedirse. Solo Ḥakīm les hace un gesto con la mano.

Cuando llegan a la calle que los dirige a la estación de autobuses, Iḥsān tira de la mano de Karīm y este le sigue sin pensar. Las lágrimas apenas le dejan distinguir el suelo que pisa, convertido en barro y humedales. Se refugian en los patios de un edificio antiguo y, cuando la lluvia amaina, caminan por la acera cargados con las pocas pertenencias que han recogido.

El agua que cubría las calles va desapareciendo, dejando en su lugar un asfalto brillante. La humedad aún se cuela por los muros, entre contenedores y árboles volcados. Una sirena suena a lo lejos. Sienten el frío de febrero calando sus huesos. Karīm se tapa un poco más las orejas con el gorro de lana verde que compró en un mercadillo al comenzar el invierno. Están lejos de la vieja vivienda. Ya no hay vuelta atrás. Suspira y, sacando su móvil con menos de la mitad de batería, sugiere a Iḥsān que se hagan una foto de recuerdo, enmarcando el cielo de su despedida.

Por enfangados senderos llegamos a la estación, donde aguardamos con paciencia la llegada del nuevo día. No hay servicio nocturno, pero sí acceso libre desde la plaza central. Bajo un techado de unos diez metros de ancho, unos bancos de aspecto incómodo no serán el mejor lugar para dormir, pero nos resguardarán en parte del frío y la humedad. Utilizando las mochilas a modo de almohada, cada uno nos situamos en un banco y los dos nos cubrimos con toallas.

Cuando amanece, los primeros buses ya están llegando. *Iḥsān* abre los ojos y al levantarse, le cruje la espalda. Dormir en el banco es incómodo, espera no tener que repetirlo nunca.

—*Karīm*, vamos dentro. Ya han abierto.

—Está bien. Jamás pensé que diría esto, pero ¡cómo anhelo dormir sobre mi colchón en el suelo! Ahora mismo debo de tener el cuerpo a rayas.

—Lo sé, yo tampoco he podido descansar, pero hay que prepararse para un nuevo día. Tenemos que buscar nuestro destino.

A pesar de lo que se ha vivido en la localidad, la estación pronto se llena de estudiantes que comparten animadas conversaciones. Solo algunos mencionan la tormenta y es que, en la zona en la que viven estos chicos, no ha tenido más consecuencia que la cancelación de alguna quedada de última hora. Ni una gotera, ni una rotura, ni un árbol caído. La estación está situada en una zona alejada de los barrios marginales.

Los estudiantes, juntos, forman un hermoso grupo. Siento envidia. Hace solo unos meses hubiera sido uno más de ellos. Ahora estoy en la calle sin un lugar al que ir, sin un libro que leer y sin el amigo que siempre me acompañaba a todas partes.

Iḥsān, a mi lado, se concentra en el cartel que indica las próximas salidas. Intenta leer los nombres.
—¿Adónde quieres ir? —me pregunta.

Elevo los hombros. Espero tan poco de un lugar como del resto. En ese momento el panel cambia, indicando un nuevo destino. Iḥsān lo ve como una señal y decide por los dos.
—Cogeremos ese.

Todavía queda media hora para la salida. Después de sacar los billetes, Iḥsān se resiente; el cuello le cruje. Al ver su gesto de dolor, le doy un breve masaje. Después, me siento junto a él. En unos segundos, mis ojos se cierran y reposo mi cuerpo sobre Iḥsān, quien se guarda mi móvil en el bolsillo para impedir que acabe en el suelo. Al abrir los ojos, tras un sueño inquieto, encuentro la intensa mirada de Iḥsān. Su sonrisa es tan bonita que me pregunto por un instante si aún sigo soñando.

—Ya ha llegado el bus —me susurra acariciando mi oreja con la nariz—. Mejor será que subamos.

Busco dos huecos al final. Quiero pasar desapercibido, estar lejos de las miradas que cada vez me parecen más acusatorias. Me siento en la parte de la ventana e *Iḥsān* sube arriba las dos mochilas. Nos acomodamos y sigue sonriendo. ¿Cómo es posible que esté contento si todo a nuestro alrededor se desmorona?

—Oye, ¿tú sabes a dónde vamos? —le pregunto.

—Al lugar que *Allāh* ha marcado en la pantalla para nosotros.

—¿Y por qué me parece que me ocultas algo?

—¿Por qué crees que te oculto algo? —sube los hombros y pone una falsa cara de desconcierto.

Iḥsān no me dice nada más y cierra los ojos. Apoya su cabeza en mi hombro, así que disfruto del momento. Estoy tan acostumbrado a los huidizos pasos de *Iḥsān*, que me parece extraño que se apoye en mí sin importarle el qué dirán. Ojalá fuera siempre así. A pesar de todos los miedos que me oprimen el pecho, siento el cosquilleo de una bandada de pájaros cantores volando en mi tripa. Miro por la ventana: la carretera es amplia, hay muchos coches en ambas direcciones y las viviendas son altas. El paisaje va cambiando poco a poco y veo a lo lejos el mar. Las olas reflejan la luz del sol y su brillo me transmite una inesperada tranquilidad.

El tren pasa por mi lado y me acerco todavía más a la ventana para contemplarlo. Me emociona.

—Esta será nuestra parada —confiesa *Iḥsān* ya despierto.

—¡Guau! —exclamo. —¿Cómo lo has hecho? Ahora ya no sé si lo de hoy ha sido una pesadilla o un sueño hecho realidad.

Iḥsān ríe. No quiere ni pensar lo terrible que sería vivir esta misma situación encontrándose solo. Traga saliva, «mejor no pensar en ello».

Bajamos del bus y descargamos las mochilas. Nos quedamos por un momento en el arcén pensativos. Empezar de cero solos y sin apoyo, salvo por la mutua compañía, es duro. Tenemos miedo, pero también una pequeña sensación de plenitud. Es, quizás, lo que se siente al experimentar la libertad. Nos dirigimos a la playa por pura inercia. Una vez allí, *Iḥsān* se sitúa frente al mar y da algunos pasos mientras contempla el dibujo que mis pies han dejado en la arena. *Iḥsān* trata de mostrarse fuerte disimulando así la realidad: también está desbordado y asustado.

Tras un rato caminando, jadeo. *Iḥsān* se deshace de la mochila y se detiene señalando hacia el mar.

—¿Descansamos? Merece la pena verlo de cerca, ¿no crees? ¡Descarga la mochila y ven! —me tira de la mano y me conduce cuesta abajo hasta una enorme roca. Ya volveremos a recoger las cosas. Huele a mar y se escuchan cercanas las olas.

La arena en mis pies me recuerda a mi pasado en *Agādīr*, pero esta vez no me apena. La compañía de *Iḥsān* me produce una extraña sensación de calma. Sé que mis miedos volverán a mí y me atacarán con crueldad, pero ahora quiero vivir el momento y dejar que su mano, rugosa a fuerza de trabajar, me enrede y me guíe. Pasamos bajo el puente por el que van los trenes, frente al azul del brillante mar.

—Estamos tú y yo solos ante un millón de problemas —susurro entre preocupado y satisfecho.

—Nos enfrentaremos a ellos y pondremos a *Allāh* de nuestro lado. Contigo sé que puedo. Sé lo que siento.

—Sé que te quiero —completo la frase por él.

Con los besos tapamos el cansancio. Soñamos con hallar algo de luz en mitad de la pesadilla por la que pasan nuestras vidas.

Las horas en la playa pasan rápido. La temperatura es agradable, nada que ver con la humedad y el frío de los días de atrás, pero sabemos que tenemos cosas que hacer antes de que anochezca.

Tras un rato absortos en la contemplación del mar, las olas aumentan su baile. Cada vez se nos acercan más. Enciendo el móvil con la esperanza de tener suficiente batería como para hacer funcionar al *gps*.
—Vamos, no tenemos mucho tiempo —digo con un tono confiado y tranquilizador, mostrando la dirección de la *ong* más cercana.

Cuando entramos, una mujer nos dice que no pueden atendernos porque los profesionales están saturados. Tendremos que esperar una semana. La miramos con ojos suplicantes, pero ella no cede. Salimos de allí desmoralizados, apenas nos queda dinero, así que buscamos en Google si hay oficina de Cáritas en esta localidad. Una mujer que está dando el pecho a su bebé sentada en la parada del bus nos pregunta si necesitamos ayuda. *Iḥsān* la mira con asombro y admiración. Esta situación en su aldea sería impensable. Le gusta la seguridad que demuestra y le agradece de corazón las explicaciones que nos da.

Nos resultan curiosas algunas costumbres españolas y otras nos sorprenden. Nos gustó la decoración durante las fiestas navideñas, la simpatía de las mujeres, la variedad de tiendas... Hay menos pobreza, al menos entre los nacidos en esta tierra. Ya hemos descubierto que si eres migrante lo tienes difícil y las carencias pasan a ser un problema normalizado, al menos durante los primeros años. Más, si no tienes papeles. Es injusto cómo un simple trozo de papel determina las vidas de tantas personas.

Cuando mi móvil comienza a marcar batería baja, vemos un almacén grande que parece ser la sede de Cáritas. Allí, un hombre nos invita a sentarnos. Aunque estaba a punto de cerrar, recoge nuestros datos. Mientras nos atiende, aprovecho para cargar el móvil. Le contamos la situación vivida y el hombre toma nota de algunas cosas. Es un caso urgente, no cabe duda, pero no puede darnos una solución rápida. Levanta el teléfono y llama a un par de albergues: están ocupados, no hay ninguna plaza disponible. Nos proporciona mantas, tomate frito y unas latas de atún y nos invita a regresar si lo necesitamos, con lo que salimos más nerviosos de lo que habíamos entrado.

—¿Qué vamos a hacer? —refiere desesperado *Iḥsān*.

Vuelvo a *googlear* chequeando habitaciones baratas de pensiones en *google*. Cuando voy a hacer la solicitud, veo el semblante serio de *Iḥsān* que, a pesar de no hacer excesivo calor, suda. Son casi las 19:00

y no hemos parado ni a comer. Pero comprendo que lo que realmente le ocurre es que no quiere gastar más dinero, apenas le queda. Suelto el móvil, sin terminar de registrar la reserva de hotel y tomo una decisión. Aprovecharemos el dinero de otra manera.

—Vamos, ya toca comer, ¿no crees? —señalando la localización de un parque, le invito a seguirme.

Una vez en el parque descargamos las pesadas mochilas. Al lado de la fuente central, escogemos un banco de mármol blanco. Subo y bajo los hombros, que me duelen por el peso.

—Estoy agotado —reconozco mientras saco de la mochila uno de los dos bocadillos que nos han preparado en Cáritas.

Quietos y en silencio, pero apoyados el uno en el otro, ambos pensamos en el futuro incierto que nos depara:

—Dormiremos en una pensión y mañana encontraremos una solución.

—*Karīm*, casi no me queda dinero. No puedo permitirme una habitación. Mi *mma* y mis hermanos dependen de mí, no sé qué voy a hacer.

—Se me ocurre una idea: hoy la noche será cálida, podemos dormir en la playa. Tenemos la dirección del albergue del que nos ha hablado el de Cáritas,

Paco, ¿no? Iremos allí para darnos una ducha y cambiarnos, si quieres.

—No, *Karīm*, duerme en la pensión tú. No pases penurias por mí. Mañana nos veremos, no me voy a enfadar ni nada. Al contrario, seré más feliz si sé que estás bien.

—De eso nada, yo voy a ir a donde tú vayas.

Optamos por acudir a unos grandes almacenes que están cerca y elegir una tienda de campaña de dos plazas. Es un gasto que podemos rentabilizar y no gastar en hoteles. Me hago cargo y, de paso, pregunto por trabajo en cada negocio por el que pasamos, aunque sea sin éxito.

En mitad de la primera noche en la playa, una pesadilla despierta a *Karīm*. Otra vez la patera, el viento meciendo las olas e *Ibrāhīm* cayendo al mar y desapareciendo para siempre. Se mueve, suda y, de golpe, despierta topándose con la oscura tela de la tienda de campaña. «¿Dónde estoy?», se pregunta aterrado.

Una vez despierto intenta relajarse, pero los nervios le pueden y sale de la tienda. Se agacha y toca la arena con las manos y los pies descalzos. Alza la mirada y contempla las estrellas que aún bailan alrededor de la luna llena.

Es hermoso. Mientras las observa, se pregunta qué van a hacer. Ha dormido tres horas y ya le duele la espalda. «¿Lo llevará mejor *Iḥsān*?». Necesitan un hogar, un techo, poder sentarse a comer y asearse. Y no tienen nada de eso. Ahora que *Iḥsān* no puede verlo, se rompe y llora.

Los siguientes días son grises. Las condiciones de vida en la calle son muy duras y les empiezan a pasar factura. *Karīm* casi no duerme e *Iḥsān* lo hace solo a medias. Paco les llama a veces desde Cáritas. Es quien les proporciona comida, ropa e información sobre algunos recursos de empleo. En el albergue de la ciudad les sirven algo de almuerzo sin cobrarles nada. *Iḥsān* espera no tener que depender de *Karīm* por mucho tiempo, sabe que también está llegando al límite de sus reservas.

Estos días de sufrimiento acaban pasándoles factura, creando entre ellos un muro invisible en el que la apatía acaba convirtiéndose en su principal acompañante. Con el temor de dañar a *Karīm*, *Iḥsān* guarda sus sentimientos en una caja en lo más profundo de su pecho, cerrada con tres candados: el miedo, el orgullo y la tristeza. Con el paso de los días, la situación no mejora.

Su aspecto al final de cada tarde es desaliñado y las duchas en el albergue apenas les quita el cansancio. Por eso, bajo el agua del grifo derraman las lágrimas que aguantan cada jornada. Ya llevan en la playa cuatro días. Es posible que tarden semanas en conseguir una plaza en el albergue. Sus nervios aumentan y la tensión les provoca una actitud cortante entre ellos. Son solo pequeños desacuerdos sobre adónde ir y qué hacer, pero el más mínimo roce les provoca una frustración que no pueden controlar. Esa noche, *Iḥsān* saca su manta a la arena y duerme alejado de *Karīm*, confundido. No entiende por qué se han gritado, el motivo de la discusión era tan absurdo que ni siquiera lo recuerda.

—Ven a dormir conmigo —le suplica *Karīm* después de un rato.

—No, *Karīm*, necesito reflexionar. Duerme tranquilo, yo entraré después.

—Está bien, tómate tu tiempo, pero no te quedes a la intemperie.

Al día siguiente, *Iḥsān* está más aliviado. Desayuna frente al mar y, cuando llega la hora de ir a buscar trabajo, sujeta la mochila de *Karīm* a modo de disculpa por su actitud del día anterior. *Karīm* ya no tiene fuerzas. Cuando pasan por delante del supermercado, *Iḥsān* coge un carro y mete en él las pertenencias que han estado cargando a cuestas.

—Será más fácil cargar con el carro que con las mochilas, ¿no crees?

Cuando llegan a la playa, las ruedas se atascan en la arena. El carro apenas avanza. Se ven obligados a cargarlo hasta el lugar que se ha convertido temporalmente en su nuevo hogar.

Hoy han ido a Cruz Roja. Marta, una voluntaria, les ha atendido muy amablemente. Les ha citado para hablar con el abogado de su situación legal. Quedan para verse de nuevo en dos semanas. ¡Dos semanas!

Ya llevan seis días en la calle, vagando solos, sin un rumbo fijo y en busca de un objetivo que les parece cada vez más irreal. Antes de anochecer y, cuchilla en mano, se aventura a afeitarse sin un espejo en la playa. *Karīm*, que acaba de acomodar el interior de la tienda, al verlo tan vulnerable, no puede evitar emitir una sonrisa, la primera en lo que llevan de semana.

—Menudo desastre estás armando. Anda, déjame, que te vas a cortar —le pide la cuchilla en un gesto cariñoso, le sujeta la barbilla y observa su piel con la delicadeza de un profesional—. A ver qué podemos hacer.

Mientras le afeita, roza sus mejillas con las puntas de los dedos. Sube su barbilla para repasarle el mentón y, cuando lo nota suave, lo acaricia. Continúa hasta apoyar una mano bajo la nariz y poco a poco la baja hasta los labios, que *Iḥsān* besa despacio.

—Estás más delgado aún —reconoce *Iḥsān*, que aprovecha la cercanía para fijarse en los rasgos del hermoso rostro de *Karīm* y apartarle una mecha que le cae en los ojos.

Karīm lo mira un instante antes de proseguir con el afeitado pero *Iḥsān* se adelanta con un beso que precede a otros muchos más. Se miran y, sin saber por qué, cientos de lágrimas se derraman en el rostro de *Iḥsān*. Se ha sentido tan solo...

Las mejillas de *Iḥsān* están ahora suaves. Su mentón afilado destaca entre sus rasgos. A *Karīm* le encanta la prominencia que termina en su barbilla como un caracol enredado, le vuelve loco. Guarda la cuchilla en el neceser y en el interior de la tienda de campaña, se besan de nuevo, se abrazan, se miran a los ojos y sienten que ha llegado el momento de despedirse de la soledad fría que los ha acompañado durante los últimos días.

Lo que tenía que ocurrir, ocurre de una forma suave y lenta. Por primera vez, en el interior de esa pequeña tienda, testigo del secreto escrito a voces en la soledad de la playa nocturna, *Karīm* e *Iḥsān* se aman. Entre ambos vuelve a instalarse la confianza.

Entretanto, la vida sigue. Dos días por semana cenan caliente gracias a los voluntarios de una asociación. Si les da tiempo van al comedor que otra *ong* ha habilitado en una antigua fábrica. A veces sienten miedo en esos lugares: hay gente que acude borracha, personas con problemas evidentes de adicción... En un par de ocasiones han presenciado peleas y, por lo general, quienes van solo están tristes, apagados, tan desesperados como ellos mismos.

Karīm sabe cuánto echa en falta *Iḥsān* a su *umm* y sus hermanos. Le gustaría poder darle algo de dinero para enviar, pero sabe que eso los condenaría a mantenerse siempre en la calle. Prefiere verle sano, así que cuando no hay plato caliente para cenar, consigue algo barato de un bar de tapas. En uno de esos días donde buscan trabajo por separado para duplicar posibilidades, *Karīm* entró en el bar y, al ver pasar a la camarera con un plato de patatas, se le hizo la boca agua. Bea, la jefa, se dio cuenta y le puso delante una fuente cargada de comida. *Karīm*, sorprendido, le agradeció su acción y le preguntó si se podía llevar las sobras. Ella le sonrió y se lo puso todo en un envase reciclable.

—Ven a última hora siempre que lo necesites y te prepararé algo de cenar.

Karīm salió del bar agradecido y desde ese día vuelve. Le paga una pequeña cantidad que han acordado. La mujer siempre se preocupa y, desde que le habló por primera vez de *Iḥsān*, le pregunta por él. Le ha dicho que lo invite cuando quiera, que para él también puede servir un plato caliente, pero *Karīm* aún no ha logrado convencerlo.

Cuando va al bar, aprovecha y carga el móvil. A veces llama a *Ḥakīm*, que solo de vez en cuando lo tiene encendido. Está trabajando en una empresa pequeña, sin contrato, y su salario solo le llega para pagar una vivienda que comparte con varias personas más. No hay nada mejor y no se queja. En lugar de eso le da ánimos. «El campo no tardará en necesitar trabajadores», asegura.

Un día, con el comienzo de la segunda semana de marzo, *Karīm* mira al cielo y tiembla. Según su móvil, es posible que llueva. Si hay tormenta, les pillará en la playa porque aún no tienen otro lugar en el que refugiarse. Por desgracia, la previsión metereológica no falla. Pronto una fina lluvia cae sobre el agua y su gorgoteo acompaña a la canción de las olas. Es bonito, pero no lo será tanto si empeora.

—Vamos dentro, mejor será que no nos mojemos —le pide *Iḥsān*.

Pasan las horas y la tormenta se vuelve más feroz. La tienda de campaña les protege solo a medias y *Karīm* se encoge, más por miedo a los truenos que por frío. *Iḥsān* lo cubre con una manta y se pone tras él, masajeando su espalda. Mientras lo hace, reza a *Allāh* en silencio. Hace mucho que no va a la mezquita. Pide a *Allāh* que la lluvia no atraviese las paredes de la tienda, aunque sabe que es complicado. Sin embargo, la lluvia cae de lado y el agua se cuela en la tienda. Cada vez aprieta más y pronto comienza un intenso baile de luces y sonidos en el cielo.

Karīm se balancea, sosteniendo las rodillas con las manos. Tiene miedo, todo a su alrededor está mojado.

—Hey, hey, cálmate —le pide *Iḥsān*—. Hemos pasado por cosas peores.

Karīm se frota los ojos y se deja caer en sus hombros. Los latidos del corazón de *Iḥsān* suenan fuertes y le proporcionan confianza, pero está muy alterado. Entonces *Iḥsān* entona una nana, la misma que le cantaba a su *akh*. Durante unos minutos *Karīm* es capaz de relajarse.

Sin embargo, la lluvia no cesa. Un rayo ilumina la tienda e *Iḥsān* dice con voz temblorosa:
—Tenemos que salir de aquí, si esto no para acabaremos inundados.

Bajo la tormenta, los dos chicos empiezan a recogerlo todo. Desmontar la tienda de campaña les lleva unos pocos minutos, pero llueve tanto que acaban empapados por completo. Avanzan hacia la ciudad en busca de un lugar en el que refugiarse y finalmente lo encuentran en la entrada de una entidad bancaria, bajo los cajeros automáticos. *Karīm* estornuda. Tiene mucho frío. *Iḥsān* también tirita. Las mantas están empapadas, así les servirán de poco.

Por fin, pasadas las 06:00, deja de llover. Las nubes se disipan poco a poco y el sol de la mañana aparece en el cielo, acompañado de un intenso frío. Es hora de dejar el lugar, pronto vendrán a abrir. Su situación les avergüenza.

Con las zapatillas aún empapadas, se preparan para su rutina diaria: ir al albergue, ducharse con agua caliente, tomar el desayuno que les preparan y salir. Hoy habrá un termo de café caliente. Siempre lo hay los miércoles.

—Gracias, Mar.

Mar es voluntaria en el albergue y visita en la calle a todos los que no tienen un lugar para vivir. Le gusta sentirse útil y allí lo es. No entiende por qué no consiguen más voluntarios si la labor es tan gratificante.

Karīm e *Iḥsān* se marchan reconfortados de allí, dispuestos a encontrar trabajo. Siguen buscando sin éxito, sin ilusión y con un tremendo dolor de cabeza.

Ya son casi tres semanas las que llevamos en esta situación. Tres semanas en la calle son mucho tiempo. Me acerco una vez más al bar y Bea prepara, como tantas otras veces, un envase lleno de comida que hace que me suenen las tripas.

—Mañana tendremos el bar lleno. Si quieres, puedes venir y ayudarme. Serán solo unas horas en la cocina fregando y ayudando en cocina a Luisa, ¿de acuerdo? Y si quieres, tráeme tu ropa y la de *Iḥsān* hoy a última hora y os la lavo en mi casa.

La irregularidad de nuestra situación es un bucle difícil de solventar y dificulta que Bea pueda contratarme. Aun así se arriesga a recibir la visita de algún inspector y a multas que serían demasiado elevadas. El abogado ya nos explicó que tendremos que resignarnos y esperar al arraigo. La ley está en nuestra contra, subsistiendo con empleos sin contrato. Así que, pese a todo, hace tanto que no trabajo que salto de alegría.

Encuentro a *Iḥsān* ya en la tienda, concentrado en la lectura de unos libros que ha encontrado junto a un contenedor de basura. El idioma ya no se le resiste tanto. La necesidad lo ha llevado a aprender rápido. Ahora es capaz de entender lo que nos dicen.

—¿Qué es? —pregunto.

—Es un cuento para niños, pero es bonito. Habla de un chico que no quiso crecer, solo quería jugar. Yo nunca tuve eso, ¿sabes?

—Déjame ver —*Karīm* contempla los dibujos y se fija en los niños que vuelan—. *Peter Pan.* Extraño título. Por cierto, ¡tengo buenas noticias! Voy a trabajar durante el fin de semana.

Nos abrazamos.

4

Decir lo que somos

Me entrego al trabajo con pasión. Es maravilloso tener de nuevo una obligación. Las horas pasan volando y no me importa si mis pies están cansados. Al final del día, Bea me entrega el salario y una bandeja con algunos de los dulces que han cocinado. Vuelvo a la tienda de campaña pero no encuentro a Iḥsān. Al mirar hacia la playa, descubro allí su silueta. Está sentado en el suelo, inclinado sobre sus rodillas. Pienso que hace mucho que no lo veo rezar. A solo unos metros de la tienda y, procurando no interrumpir a mi compañero, también me acuclillo.

Los siguientes días, por fin la suerte nos sonríe un poco. Bea me ha prometido que me dará trabajo viernes y sábado. Además, el tiempo ya no es tan frío y la tienda de campaña resulta algo más acogedora. Sin embargo, a la playa empiezan a llegar los primeros visitantes y hay días en los que nos sentimos observados.

Además, con el comienzo de abril empieza la temporada de recogida de algunas hortalizas. Nos aseguran que tendremos faena durante un tiempo si nos empleamos a fondo, porque el dueño del campo tiene también frutas plantadas que deberán recogerse más tarde. De esta forma, los dos comenzamos a trabajar a destajo. Sin contrato, eso sí. Aunque agotado, estoy feliz por poder ahorrar algo. De seguir así, los dos tendremos el dinero que nos permitirá alquilar una habitación.

Hoy es domingo y ambos descansamos en la tienda de campaña sentados frente al mar, que se presenta azul y en calma. Es temprano y no hay apenas viandantes que paseen por la orilla salada. *Iḥsān* apoya su hombro sobre el mío. Cada día me siento más querido, a pesar del poco tiempo que pasamos juntos últimamente. Entre semana, cada uno tiene su puesto en el campo. Estamos bastante lejos, incluso en distintas poblaciones dependiendo del día. La jornada comienza los lunes muy temprano y no termina hasta la tarde del viernes. Las noches de los viernes y de los sábados, voy al bar de Bea. De manera puntual, cuando hay ajetreo, *Iḥsān* echa una mano a Bea en la cocina. Y es que no hay término medio: en España o no se trabaja o no se para. En cuanto cobremos lo del campo, podremos dejar atrás los días en la playa. Por suerte, ya no tenemos que cargar con nuestras cosas. Hace tiempo que Bea nos las guarda en un rincón del bar. Es una buena persona.

Hoy, mientras trabaja, *Iḥsān* salta de alegría. *Anīsa*, una de nuestras compañeras de la recolección de fruta, le acaba de decir que tiene una habitación libre que puede alquilar por un módico precio. Él ha enviado dinero a su *mma* y aún así ha logrado ahorrar algo. «Suficiente», piensa. Después de todo lo vivido, unos cuantos euros en su cartera le parecen una fortuna.

—¿En la misma habitación? —le pregunto cuando me lo dice—. ¿No sospecharán?

—La verdad, ya no me importa. No tenemos por qué escondernos.

—Pues tienes razón. Dile que sí. ¡Qué bueno! ¡Las ganas que tengo de dormir en una cama de verdad no las sabe nadie! Qué lástima que sean dos camas separadas y no una bien grande.

—¡Ya ves! ¿Lo celebramos con unos pastelitos?

—¡Oye! ¡Te estás enganchando a los dulces de esta tierra!

—¿Y te extraña? ¡Están riquísimos!

Dos días después nos trasladamos, dejando atrás el fresco aroma a mar y a sal. El piso es pequeño, pero tiene todo lo necesario para vivir. Un baño con ducha, un sofá, una televisión, dos camas para nosotros, una lámpara... *Iḥsān* se tumba en su cama y le da un ataque de risa.

—Echaré de menos la arena —me asegura.

Cuando ya nos hemos instalado y vaciado las mochilas, *Anīsa* nos prepara unas sábanas. Después nos acompaña al comedor, donde nos presenta a los otros compañeros de la casa. Ella comparte habitación con su marido, *Ḥabīb*, y con sus tres hijos. En la otra habitación duerme su *ukht Faraḥ*, que está embarazada por segunda vez. Su marido no pudo venir a España, todavía no han conseguido los papeles para la reagrupación familiar.

Faraḥ es quien se encarga del cuidado de los niños cuando todos los demás trabajan. Es alegre y divertida y se ha adaptado rápido a la vida de España aunque solo lleva un par de meses viviendo aquí. Dice que le encanta ir destapada, que así se mueve con más libertad y que para ella eso es todo un logro. Aunque nos extraña, no la juzgamos. *Anīsa* prefiere mantener las costumbres de su país, Argelia. Cuando termina de trabajar vuelve a enfundarse el largo *qafṭān*[21] y su *ḥiŷāb*[22]. Nos divertimos con ellas y con *Ḥabīb*, a quien las dos ignoran continuamente. Son un trío curioso.

Aunque van pasando los días, en la casa nadie sabe lo que hay entre los dos. Para ellos somos solo amigos. Hemos pensado en decírselo al comprobar que son bastante abiertos, aunque ser *gay* en Argelia tampoco es algo que esté bien visto. Por eso, después de lo que nos ocurrió con *Aḥmad*, creemos que es mejor no arriesgarnos. Cuando por fin la puerta de la habitación se cierra, nos sentimos seguros para poder mirarnos con cariño. Tanto deseo que contener nos resiente el corazón.

Fin de mes. Han cobrado, lo hacen cada dos semanas. *Iḥsān* quiere ser previsor con el dinero, sabe que esta vez ha de ser más cuidadoso con lo que gasta. Calcula cuánto le queda y prepara un sobre con un tercio de su salario. Es el dinero que guarda para enviar.

Al entrar en la habitación tras terminar su jornada en el bar, *Karīm* descubre el sobre junto a las mantas y,

---

21   Prenda tradicional de origen persa, caracterizada por ser una bata o túnica larga, amplia, de manga larga y generalmente sin cuello.

22   Velo que cubre cabeza y pecho que las mujeres musulmanas usan en presencia de personas que no sean de su familia directa.

asegurándose de no ser descubierto por *Iḥsān*, añade dos billetes de cincuenta euros. Gracias a trabajar los *findes* y a las propinas, tiene un extra y puede ayudarlo.

—Mañana tengo el día libre en el bar y me apetece hacer algo contigo —anuncia contento—. ¿Te animas?

—*Mmm*, vale, pero solo si te echas aquí conmigo.

—Suena bien. Y yo también tengo sueño —reconoce mientras bosteza.

Quitándose la camiseta, se echa en la cama y deja que su compañero le roce el pecho con sus fuertes manos.

—Tienes ronquera— le dice *Iḥsān*.

—Sí, me acompaña un tiempo. ¡Bah, ya se irá! —*Karīm* le resta importancia.

—Deberías cuidarte más. Trabajas demasiado.

—¡Cuídame tú! —lo calla con un beso en los labios.

Ya está bien avanzada la primavera. *Iḥsān* se levanta temprano y sale de la habitación procurando no hacer ruido. Saluda a *Faraḥ* y se une a su misión: regar las plantas, que desprenden un olor delicado. Lo hacen siempre a primera hora, antes de que *Karīm* se despierte.

Los niños, recién levantados, ya juegan a piratas. *Iḥsān* los saluda y bromea con ellos antes de entrar a la ducha.

Cuando termina de arreglarse, se dirige a la cocina, donde *Faraḥ* está preparando el desayuno para todos.

—Te ayudo.

—Perfecto. ¡Oye! Te has puesto tú muy guapo, ¿no? —asegura *Faraḥ*, echándole una mirada de arriba a abajo.

—Gracias. Vamos a dar una vuelta y me apetecía arreglarme —*Faraḥ* no dice nada, pero hace mucho que sabe que hay algo especial entre los dos chicos. Cuando hablan, *Karīm* lo mira con tanto cariño que es imposible no darse cuenta de lo que siente por él.

Pasa algo más de media hora antes de que *Karīm* abra los ojos. Baja de la cama de un salto y se pone la camiseta, dispuesto a merendarse el día. El aroma familiar le devuelve el apetito que en los días de calle creía haber perdido. Huele a *ragdas*[23] y a tostadas de *ḥummuṣ*[24] con verduras. ¡Le encanta! Sube la persiana, hace las dos camas y sale de la habitación respirando el aire fresco de las plantas. A pesar de su alergia, no puede evitar la inmensa tentación de asomarse al balcón y oler el jazminero. Le encanta el blanco color de esos pétalos, pero sobre todo le gusta su esencia. Le devuelve al jardín del hogar de *Ibrāhīm*, a esos momentos maravillosos en los que compartían risas jugando a esconderse entre jarrones y tinajas hasta ser encontrados.

---

23 Panqueque argelino que se sirve principalmente con café o té de menta durante el desayuno.

24 Crema de garbanzos cocidos con zumo de limón, aceite de oliva y pimentón. Es un plato muy popular en todo Oriente Medio y Levante Mediterráneo, conocido en España como 'humus'.

Hoy nada le va a amargar el día, tiene la ilusión de una primera cita, esa misma sensación de nerviosismo que precede a una aventura y unas ganas locas de echar a volar. Huele las flores y, al volverse, casi choca con Ḥabīb, que sale de su habitación con los ojos entornados por el sueño.

—¡Qué bien huelen esas *ragdas*!

—¡Sí!

Tras el desayuno, *Karīm* atiende al plano de la ciudad que cogió ayer en la oficina de turismo. Hoy está dispuesto a recorrer cada rincón con *Iḥsān*. Salen a la calle todos juntos. La familia al completo van a pasar el día en la playa. Cuando les han perdido en la lejanía, se dan la mano y van hacia el primer punto marcado en el mapa: el castillo.

Para llegar hasta él deben subir una cuesta empinada. *Iḥsān* se asoma a la muralla para ver el paisaje. Le impresiona lo pequeño que se ve todo y reconoce el vértigo. Sus zancadas son ahora más cortas y menos apresuradas. Cuando llegan arriba, sienten el viento suave golpear sus caras y despeinar a *Karīm*, que lleva el pelo rizado demasiado largo y de nuevo tienen motivos para reír. Desde tan alto se ve el mar y se avistan algunos barcos lejanos. *Karīm* pone un euro en el catalejo y los dos observan el paisaje. Se ven incluso los terrenos agrícolas en los que trabajan. Las montañas, un río, una antigua muralla... todo en calma, en completa armonía. Precioso.

Hay más gente en el castillo, pero nadie les presta atención. Recorren las distintas salas. En algunas pueden ver vídeos cortos que explican su origen musulmán y su posterior conquista cristiana. Están en varios idiomas, así que deciden escucharlos en árabe y español, y de esta forma practicar el idioma.

Las escaleras para bajar al sótano son estrechas y pequeñas. Los pies de *Iḥsān* parecen enormes al pisar sobre ellas. Se dan la mano para bajar por el angosto espacio sin tropezar y les sorprende lo bien conservada que está la estructura. Hay un calabozo al fondo, un guía explica a otro grupo las duras condiciones en las que vivían los encarcelados. Ellos agudizan el oído y logran entender lo que dice a sus oyentes. Sus rostros se iluminan al darse cuenta de que el castellano ya no se les resiste tanto.

A la salida del castillo se encuentran con una sala que hace la función de museo. Hay una exposición en la que se muestran los elementos arquitectónicos y las formas de vida de antaño. *Iḥsān* está encantado, nunca había visto algo parecido.

Tras la visita al museo comen en un restaurante vegano de precio asequible, en busca de platos sin cerdo. Mientras esperan que les sirvan, se miran y sus manos juegan por debajo de la mesa. Aquí no importa que sean *gays*, nadie les presta atención. Solo son una pareja más disfrutando de su amor.

Luego pasean por la ciudad y aprovechan para visitar un par de jardines que el mapa marca en la ruta. Entre calle y calle hay muchas tiendas. *Karīm* se cuela en una de ellas. Venden móviles. *Iḥsān* lo sigue, sin tener claras las intenciones de su amigo. Piden un catálogo y revisan los que hay en el escaparate. Todos le parecen muy caros, todavía no pueden permitirse el gasto. A *Iḥsān* le extraña esta visita. *Karīm* ya tiene móvil y, aunque de vez en cuando le falla el teclado, le parece raro que lo cambie. No le pregunta nada, solo se mantiene a su lado y escucha las explicaciones del dependiente, tratando de comprenderlas.
—Solamente me informo para cuando cambie el que tengo —explica *Karīm*.

Más tiendas, un edificio cultural, la biblioteca... y regresan a casa agotados pero con una sonrisa que les dura horas. Quieren más días así, sin la presión y el miedo a ser juzgados que tan a menudo les han perseguido.

Unos días después de nuestra excursión, al volver de trabajar, *Iḥsān* encuentra un paquete sobre la cama. Lleva su nombre. Como no suelen enviarle nada, siente hormigas. Lo abre con prisas y no da crédito a lo que ve. No es un regalo de su familia. Sus ojos se enrojecen a causa de la emoción.

Salgo de la ducha y, todavía con el pelo aún mojado y sin camiseta, se abalanza sobre mí.
—No podía permitirme los móviles de esa tienda —le explico—, pero de segunda mano sí. Es tuyo.

La siguiente semana da comienzo el *Ramaḍān*. Para nosotros es una época muy importante. Supone aguantar durante buena parte del día el hambre y saciar el apetito al caer el sol. Es duro porque el ritmo de trabajo aumenta conforme pasan los días y el calor no da tregua, a pesar de que todavía no ha llegado el verano. Lo peor son los fines de semana con el olor proveniente de la cocina y mis tripas bailando por el apetito. Bea dice que me admira, que sería incapaz de aguantar tantas horas sin tomar nada. Le explico que siento que he de cumplir con el mandato de *Allāh*. No solo por respeto a la religión por mí, sino por rogar que nuestro amor y el de tantos otros que se ven obligados a esconderse llegue a aceptarse.

Al fin, el sábado, tras la puesta de sol, puedo permitirme comer. ¡Y vaya si lo hago! Devoro un plato de lentejas y pido más a Luisa mientras Bea recoge las mesas. Cada día, durante treinta jornadas, ocurre algo similar. Alguien me comenta que practicar el *Ramaḍān* le parece una sabia costumbre, que de esa forma se depura el cuerpo. Yo no entiendo de nutrición, con lo que no sé si lo que dice es cierto. Lo que tengo claro es que durante el tiempo que dura, mis tripas suenan pero mi corazón pesa menos. Me siento más pleno y ligero. Especialmente a partir de la segunda semana, cuando ya me he acostumbrado.

Aunque me siento muy bien acogido en el bar, hoy no es el primer día que salgo disgustado porque algún cliente me trate con indiferencia. A veces escucho criticar a las personas migrantes en general y me dan ganas de volverme para explicarles lo que supone dejar un país y empezar en otro, pero callo. Es mejor no decir nada. Sin embargo, hoy estoy en mitad de mi *Ramaḍān*, tengo hambre y me cuesta mantener la sonrisa. Mientras atiendo una mesa, me doy cuenta de que en la de al lado hay dos hombres vestidos de negro que no paran de mirarme y reirse. Como ya les ha servido Bea, no les presto mucha atención, pero después de un rato, se dirigen a mí.
—Eh, tú.
—Decidme, ¿qué queréis? —pregunto tras terminar de apuntar el pedido con el que estaba.

—Que te vayas a tu país con todos los moros de mierda.

No es la primera vez que me insultan, pero sí la primera que lo hacen con tanto descaro. Sin responderles, y más asustado de lo que me gustaría reconocer, me doy la vuelta y me dirijo a la barra a entregar las notas de las otras mesas.

—¿Es en serio? ¿El puto moro este me ha ignorado? —insisten—. ¡Tendría que besar el suelo por ese desprecio!

No entiendo qué es "besar el suelo", tampoco "desprecio", pero sea lo que sea, su actitud hace que tiemble. Al cabo de unos minutos, la puerta del bar se abre y varias personas de aspecto amenazante entran al bar y se les unen. Las miradas no han cesado. Los insultos tampoco. Uno de ellos me muestra una cadena de hierro, de las que se utilizan para cerrar las puertas de los campos.

Bea se percata de la situación, pero yo le pido que no avise a la policía, que no tengo papeles. Intentan convencerme de que no me ocurrirá nada, pero me niego. No me fío de la autoridad. Me han contado historias muy crueles. No sé si serán verdad. Por si acaso, prefiero que no se fijen en mí.

—¿Estarás más tranquilo si te encargas tú de la cocina y yo atiendo las mesas? Y si no se van, luego te acerco a casa —me promete Bea, casi tan nerviosa como yo.

Acepto su propuesta, pero el tipo de la cadena sigue ahí junto a los otros. No parece que quiera marcharse.

En un momento de sosiego en la cocina, envío un mensaje a *Iḥsān*. Tengo miedo de no volver a verlo, pero sobre todo, no quiero que venga al bar a buscarme. Prefiero no llamar, sé que lo despertaría. Le dejo un mensaje simple: «Eres lo que más me importa del mundo en estos momentos y pase lo que pase en mi vida, quiero que sepas que te quiero».

El romanticismo no es algo que *Karīm* practique con regularidad. Por el móvil apenas ha tenido alguna muestra de cariño y suele reducirse a un icono simpático, pero nunca a nada que delate sus sentimientos. *Iḥsān* ha dejado el sonido del teléfono encendido y el mensaje lo desvela. Lo lee y lo relee. Hay algo que no le encaja. Aunque le encanta la confesión, le extrañan las horas, las palabras… todo. Lo llama pero nadie responde, con lo que empieza a ponerse nervioso. Tiene la impresión de que pasa algo raro. Se levanta de la cama y marca su número otra vez mientras se viste. *Karīm* no le responde. «Igual se les ha hecho tarde para cerrar hoy y aún está trabajando», piensa. «Seguro que es eso», se dice a sí mismo, pero en su interior siente que algo no va bien. Vuelve a marcar el teléfono dos veces más y ya muy intranquilo, sale de la vivienda.

En la escalera se cruza con *Ḥabīb*, que lleva en brazos a la hija recién nacida de *Faraḥ*. Los demás suben tras él, felices.

—Enhorabuena, *Faraḥ* —felicita a la muchacha, que sube después de dos días en el hospital. Me alegra tenerte de vuelta por aquí, echaba de menos tu alegría. Es *superchiquitina*. Se parece mucho a ti.

—Si ves cómo llora...

—¿También ha sacado tu genio?

—*Uyyy*, ya lo creo. Va a ser tan escandalosa como yo. Escucha, tienes mala cara, se te nota preocupado, ¿va todo bien? —pregunta ella.

—No lo sé. *Karīm* me ha mandado un mensaje muy raro. Creo que le pasa algo.

—¿Qué dice?

—*Ehhh*, es privado.

—¿Privado?

—Sí, no importa ahora. Tengo que asegurarme de que está bien. Vendré en un rato.

—Llámanos si necesitas ayuda.

—Lo haré. Muchas gracias, *Faraḥ*. Me alegro de que todo haya ido genial. Es guapísima, como su *mma*.

—Ve ya, seguro que *Karīm* se alegra mucho de verte —se acerca más a él para susurrarle sin ser escuchada—. Te quiere un montón, se nota. Espero que no sea nada.

—*Insha'Allah* —le responde *Iḥsān* avergonzado y pillando la indirecta—. Gracias por tu apoyo, *Faraḥ*.

—Para lo que necesites.

Karīm sigue con su trabajo y, cuando el ritmo ha comenzado a bajar, abandona la cocina para volver a ayudar a Bea. Los nervios le pasan factura y, mientras recoge una mesa, un vaso se le escapa, haciéndose añicos en el suelo. Pide perdón y lo recoge tan rápido como puede. Los afectados le dicen que no se preocupe, incluso le ayudan a recoger lo que ha caído, pero los tipos de negro se ríen y lo avergüenzan. Bea sale en su ayuda y lo defiende, pidiendo al grupo que se marche ya. Estos la ignoran y uno de ellos le muestra el puño.

Karīm entra en la cocina cargado con un recogedor repleto de cristales.

—¿Estás seguro de que no quieres que llamemos a la policía? —se preocupa Bea.

—Ya no es solo por los papeles. Imagina que me detienen con ellos y me meten en la misma celda —contesta—. No, no me voy a arriesgar.

—Está bien. Te llevaré a casa cuando terminemos de recoger. Esta gente no piensa irse.

Iḥsān llega a la plaza cuando Bea está bajando la persiana. Llama a *Karīm* y esta vez sí se lo coge. En cuanto le dice que está allí, *Karīm* siente un hormigueo que le hace levantarse del taburete de la barra en el que espera.

—¿Qué haces aquí?

—Acompañarte, si te parece bien.

—No, es peligroso. Vete.

—¿Peligroso?

—Sí, vete, por favor. Hazlo antes de que te descubran.

Iḥsān escucha unas risas lejanas al otro lado de la plaza. De forma instintiva, se esconde detrás de un árbol. Se le ponen los pelos de punta. Distingue ocho sombras bajo la farola y se pega aún más al árbol, preocupado:

—Ya te entiendo. Los he visto. No salgas, por favor.

Bea insiste en llevar a *Karīm*, pero él tiene miedo de salir. Prefiere esperar a que esos tipos se marchen. Bea, tras un rato de espera, debe marcharse, así que decide darle las llaves y pedirle que las cuele en el buzón cuando se vaya. Ella tiene otra copia en casa, así que no será un problema.

—O si no, mañana me las das. *Karīm*, por favor, prométeme que te vas a cuidar.

Karīm asiente. *Iḥsān* no se atreve a salir de su escondite, sabe que son demasiados para uno. Ocultado entre los matorrales, los graba para poder ver lo que desde el árbol no distingue. Luego visualiza el vídeo con el móvil en silencio. Uno escribe algo en un banco con su navaja. Hay dos que hablan entre ellos. Otro sujeta una cadena de hierro. Los demás fuman y beben directamente de una litrona. *Iḥsān* intuye por cómo se mueven que van pasados de alcohol o drogas. Piensa en cuál es la mejor opción y solo se le ocurre una: esperar a que se vayan.

Tras asegurarse de que *Karīm* estará bien, Bea sale del bar. Esos tipos siguen en la puerta y le lanzan piropos groseros, pero no se mueven ni intentan hacerle daño. Sin embargo, cuando ven que se aleja, entran en acción. Azotan la persiana de hierro a golpes y *Karīm* se encoge sobre sí mismo. Se tapa los oídos en un infructuoso intento de no escuchar los insultos y las amenazas que acompañan al estruendo. Su miedo es atroz, piensa que quizás no llegue a ver amanecer. Una y otra vez reza, suplicando a *Allāh* que el mal solo le afecte a él, que proteja a *Iḥsān*.

El tiempo pasa muy lento y los golpes se siguen sucediendo. *Iḥsān* sigue escondido, vigilante hasta que algunos marchan en su dirección. Se aleja de allí y solo cuando está seguro de que se han ido, vuelve sobre sus pasos. Los que parecen más peligrosos, el tipo de la cadena y el de la navaja siguen en la puerta junto con otro que sostiene una litrona de cristal casi vacía. Los tres golpean ininterrumpidamente la persiana. A pesar de los ruidos, la policía no aparece. El bar está en un lugar apartado, sin edificios alrededor. Es posible que nadie más oiga el escándalo.

Iḥsān llama de nuevo a *Karīm*, que le coge el teléfono a la primera. Le pide que sea paciente. Casi a las 05:00, el tipo de la cadena y otros dos que aún le acompañan se alejan emitiendo alguna que otra amenaza más.

La plaza queda vacía, pero *Iḥsān* espera unos minutos por si están escondidos o se dan la vuelta. Al ver que no ocurre nada, corre hacia la puerta del bar y grita el nombre de su chico con desesperación. Este le abre y se sienta en el suelo otra vez, encogiéndose sobre sus propias rodillas. Entre lágrimas, *Karīm* le confiesa que no lo entiende. Él no ha hecho nada, no sabe por qué lo insultan, por qué lo atacan, por qué lo odian. *Iḥsān* se encoge a su lado, tampoco lo entiende. ¿Cómo hacerlo? Es incomprensible.
—Venga —se pone de pie y tira de su brazo tras una intensa reflexión—, lo mejor será que nos vayamos. Deberías descansar.

Iḥsān mira a *Karīm* de vez en cuando, pero el chico está en otro lugar, atrapado entre los barrotes de una existencia que cada vez tiene menos sentido para él.

Al fin llegan a la vivienda, que sienten como un refugio. Allí no podrán hacerles daño. Por desgracia, *Karīm* siente que el lugar que su autoestima antes ocupaba en su cuerpo, está relleno con el miedo y la desconfianza.

—¿Has tomado algo? —pregunta *Iḥsān*.

Karīm niega con la cabeza y el muchacho le calienta algo de la cena que habían preparado por el *Ramaḍān*. El aroma es delicioso, y al calentarlo se esparce por la vivienda. *Karīm* no lo prueba, solo el olor le da arcadas. *Iḥsān* no insiste, recoge la mesa y prepara té, que acompaña de unas galletas. *Karīm* no logra comer nada, se le ha cerrado el estómago. Después van a la habitación, donde olvidan abrir la cama de *Iḥsān*. Se acuestan juntos y se abrazan, pero para *Karīm* es imposible relajarse, le tiembla el cuerpo y se deshace en lágrimas. Es inevitable para él conectar esta experiencia con las que vivió en el colegio. Por suerte, casi siempre tenía la compañía de *Ibrāhīm*, *ʿUmar* y *Yasīr*. Aun así, fueron muchos los golpes cuando ellos no estaban.

La mente de *Karīm* no deja de darle vueltas a todo. Su interior es una lavadora centrifugando. Una vez más, *Iḥsān* trata de calmar a su compañero cantando su nana favorita, pero a mitad de la canción el chico se levanta de la cama y siente que el aire le falta, que es difícil respirar. *Iḥsān* se queda en blanco, no sabe cómo ayudarle. Al final, es el paso de los minutos el que lo ayuda. Su corazón sigue acelerado y le duele la garganta. *Karīm*, más calmado, se confiesa:

—Tengo miedo, *Iḥsān*. Me aterroriza que nos hagan daño. Cuando me ha enseñado la cadena, yo... Por eso te he escrito. Pensaba que nunca más te vería. Pero aún ha sido peor cuando he sabido que estabas ahí. El miedo se ha convertido en una terrible sensación de culpabilidad. Si te llegan a hacer algo, yo...

—¿Tú?

—Yo no lo hubiera podido resistir. Yo...

—¡*Karīm*! —*Iḥsān* se levanta de golpe sujetando con sus manos su cabeza—. Prométeme que, pase lo que pase, no vas a volver a pensar en eso. Nunca. Jamás. Pase lo que pase. ¡Nosotros no hacemos eso! ¡No renunciamos a la vida! *Allāh* nos la da y *Allāh* nos la quita.

—Lo siento, no puedo prometerte nada.

Los días se suceden de forma extraña. De pronto, todo pasa demasiado lento. Bajo mis ojos un par de surcos se oscurecen cada vez más y siento que estoy perdiendo peso. Si desde la muerte de *Ibrāhīm* ya me había vuelto más asustadizo, ahora reacciono ante cualquier ruido. Mis sentidos están alerta en todo momento. El miedo me atormenta. Tengo la sensación de que *Iḥsān* no se merece estar con alguien como yo: he perdido la ilusión por vivir y solo causo problemas. Mientras, él se conforma con sentarse al borde de la cama y tocarme el pelo despacio, pretendiendo que me relaje. Me hace de comer: el *Ramaḍān* ha acabado, ya no tengo excusas para no alimentarme bien.

Mientras trabajamos en el campo, siempre que puede, se mantiene cerca de mí. Me dice que cada día que pasa tiene más claro que no le importan las prohibiciones, que me ama y me amará, aunque mis penas se alarguen o la tristeza me quite mi enorme sonrisa. La vida, aunque parece haberse detenido, continúa.

Iḥsān, que escribió una carta a *Sūfiyā* donde le adjuntó su nuevo número de teléfono, recibe hoy un mensaje suyo. Se las ha arreglado para contactar con él. Aunque no tiene móvil, su mejor amiga del colegio sí. Esos mensajes de voz que le envía *Sūfiyā* son para él motivo suficiente para seguir trabajando. Ella es feliz estudiando. Ya sabe leer algunas cosas en español e inglés. Tiene muchísimas ganas de aprender, dice que así algún día podrá visitarlo y encontrar un trabajo que la haga feliz.

En otros tiempos, que ella viniera a España sería algo inimaginable. Ahora solo es complicado.

El fin de semana llega y con él, mi renuncia al puesto en el bar. Lo he intentado, incluso me he preparado para salir de casa convencido de que podría hacerlo, pero me han fallado las piernas y he comenzado a temblar. Es *Iḥsān* quien se dirige al bar y avisa a Bea. Ella, al escucharlo, se sienta disgustada mientras exhala el humo de un cigarrillo que ya ha reducido demasiado su tamaño.

—Y todo por esos idiotas que se creen mejores que el resto y no son más que la carroña de nuestra sociedad. En grupo se creen los mejores: machos ibéricos incuestionables. ¡Todos ellos! Pero son una panda de burros incultos y estúpidos. ¡*Cagüen*...!

Iḥsān no entiende todo lo que dice, pero sí capta el mensaje. Cuando está a punto de irse, Bea lo retiene.

—No te vayas, sustituye a *Karīm* hasta que esté preparado para volver. Nadie mejor que tú, ¿no crees?

Iḥsān, boquiabierto, le pide un minuto. Me llama y me lo cuenta. Por supuesto, le invito a aceptar pero le pido que, por favor, pase tanto tiempo en la cocina como le sea posible. No quiero que experimente los desagradables insultos y comentarios que he ido recibiendo durante el tiempo que he trabajado allí. Y sobre todo, que no salga si esos tipos vuelven a aparecer por ahí. Él me tranquiliza. Por el momento, será *freganchín* y ayudante de cocina. —¿Sabes?

Trabajar en un bar es un asco por eso —analiza Luisa con él—, porque tienes que soportar las tonterías de la gente que a veces te ve solo como un objeto.

—¿Cómo?

—Me refiero a que lo que le pasó a *Karīm*. Desgraciadamente, soportar payasos es muy habitual. A mí me han echado piropos de todo tipo, se han creído con derecho a pedirme una cita e incluso una vez, fuera de la cocina ayudando a Bea en la sala, uno intentó meterme la mano bajo la falda. Ese cerdo acabó empapado: se me cayó la cerveza que iba a servirle encima de sus pantalones —guiña el ojo— y todos sus amigos se rieron de él. Nunca más me molestaron, la verdad. Pero lo de la semana pasada fue muy fuerte.

—No entiendo por qué hay gente que se comporta así. Parece que disfruten haciendo daño y molestando a los demás.

—*Pufff*... A saber —encoje los hombros Luisa.

Iḥsān aprende rápido nuevas recetas e introduce algunas propias de su tierra. A pesar de la humildad con la que siempre ha vivido, ya en Marruecos se las arreglaba para crear platos maravillosos. Es un buen chef, aunque no le guste presumir de ello. Tanto es así que quince días más tarde, Bea sorprende a todos anunciando nuevos platos para el fin de semana que hacen las delicias de los comensales. Saca en un día más dinero que en cualquier otro fin de semana.

Aunque *Iḥsān* acaba cansado, no cesa en su empeño de animarme con besos. Una día, tras volver del trabajo, *Iḥsān* me abraza en el silencio de nuestra habitación:

—No sabes cuánto necesito volver a tener tu sonrisa, me parte el corazón verte tan triste. ¿Qué puedo hacer para sacarte de esa cueva que te está absorbiendo la energía? ¿Qué puedo hacer para que vuelvas a ser feliz?

Desearía con todo mi corazón sentir la emoción que da la vida, pero es como si desde el ataque de aquellos salvajes me hubieran quitado lo más importante: mi esencia. Me gustaría darle esperanzas, por supuesto, pero es que no sé si algún día podré conseguirlo. Me siento un cobarde por rendirme así a la tristeza. Solo en los brazos de *Iḥsān* recupero algo de mi ilusión.

Sin decirme nada, *Iḥsān* busca ayuda de profesionales. Cuenta lo ocurrido a la trabajadora de una *ong* especializada en migraciones y consigue una cita para que me vea una psicóloga que no nos cobrará. Acudo, admito que a regañadientes. Ella me pregunta por lo que sucedió la última noche en el bar y, a partir de ahí, empieza una entrevista de una hora que, a pesar de las barreras del idioma, acaba removiéndome por dentro. Salgo de la sesión con un enredo mental tremendo, y ya no sé si los signos de depresión se deben al suceso, a lo ocurrido con *Ibrāhīm* o a mis vivencias de la infancia. Tal vez sea todo un cúmulo de situaciones que han acabado por provocar un desbordamiento que me paraliza.

Al llegar a casa y quedarme a solas con *Iḥsān*, le sonrío por primera vez en mucho tiempo. Le agradezco su preocupación sincera.

—Intentaré superarlo, te lo prometo. Ten paciencia conmigo. A veces no me soporto a mí mismo.

Las primeras semanas de tratamiento son duras. Paz, mi psicóloga, ha despertado en mí recuerdos que creía olvidados y momentos que jamás fui capaz de superar. Poco a poco voy notando un cambio positivo y quiero sorprender a *Iḥsān* de algún modo.

—Tengo algo para ti.

—¿Para mí? —me pregunta.

Señalo el armario, que *Iḥsān* abre como un niño que espera su regalo. Cuando abre el envoltorio, se maravilla al ver la forma y los detalles de la caja, y entonces ve la palanca.

—La he hecho yo. En esos ratos en los que tú trabajabas durante los fines de semana. ¿A qué esperas? ¡Dale!

Iḥsān hace girar la palanca y la música empieza a sonar. Está emocionado con el regalo. Me besa con tanta pasión que tengo que sujetarme a la pared para no caer.

—Cada vez que pierdo las esperanzas estás ahí —le agradezco— para recordarme que aún tengo motivos para ser feliz. Por eso el regalo, porque no puedo más que agradecerte todo lo que haces por mí y esa manera tan especial de cuidarme, pretendiendo siempre que no me dé cuenta de cuánto te esfuerzas.

Iḥsān me vuelve a abrazar. Poco a poco sus esfuerzos con Paz veo que van dando sus frutos. A veces incluso quedo con los jornaleros después del trabajo para ir a bailar un rato. Para mí bailar es importante. Es una sensación mágica, liberadora, que me hace olvidar todos mis problemas y concentrarme solo en la música. De hecho, Paz ha insistido en que reconecte con aquellas pequeñas cosas que me gustaban y que me recordaban emociones positivas. El baile es, sin duda una de ellas. Siento que vuelo. Me gustaría llegar a compartir mi canción especial con *Iḥsān*, delante de todos. No tener que ocultarnos ni fingir. Bailo con mujeres y lo disfruto, lo paso bien pero sería distinto poder bailar con él. Incluso, de algún modo, cuando salgo y bailo con ellas, siento que estoy fingiendo. No me gusta tener esa sensación.

De todos modos, poco a poco parece que vuelvo a ser yo mismo y esa sensación depresiva se va alejando. Un domingo por la mañana le saco a *Iḥsān* el tema de las fiestas con mujeres.

—Ayer Saray intentó besarme. No es la primera vez. Siempre que puedo me invento una excusa y me alejo de ella. A veces los chicos me miran extrañados y ya no sé qué hacer, me da miedo que descubran lo que soy.

—¿Y qué eres, *Karīm*? —me mira dolido—. ¿Qué somos?

—Tú me entiendes.

—No. Quiero saber qué soy para ti. ¿Te avergüenzas de lo que somos? ¿De mí?

—No, no quería decir eso. Si estoy solo, tengo miedo de mostrarme como soy.

—*Karīm*, a mí me aterra que no nos comprendan, que vuelvan a hacerte daño, que te hundas de nuevo en un pozo... No imaginas el miedo que tengo a que me rechace mi familia —*Iḥsān* siente que se le corta la voz a causa del dolor que le producen sus propias palabras—. Pero sé qué es lo que quiero. Ahora sí que lo tengo claro. Lo que deseo es estar contigo, pase lo que pase.

—Pase lo que pase —repito emocionado.

Esta vez no cerramos la puerta. No nos importa si aparecen nuestros compañeros de piso. Pongo el altavoz en mi móvil y hago sonar su canción favorita. —*Iḥsān*, por favor, haz realidad mis sueños y baila conmigo. Aunque sea aquí, baila conmigo y hazme feliz.

Aunque no he vuelto a ir al bar, sigo viendo a Bea. Fraguamos una bonita amistad que se mantiene. Hoy he quedado con ella para ir a dar una vuelta con la excusa de que el bar cierra unos días por una reforma en la cocina. Lo cierto es que quiere aprovechar para comprobar si es cierto que soy el rey de la pista en las fiestas. Además, tiene muchísimas ganas de salir y desconectar, lejos de su propio bar. Luisa se apunta al plan. Y por una vez, *Iḥsān* deja atrás sus recelos y se une también.

Cenamos en el restaurante de un amigo de Bea y al terminar vamos a un parque algo apartado del centro, charlando con tranquilidad. A ninguno nos apetece ir tan pronto a un lugar sobrecargado de gente, así que Luisa empieza a enseñarnos juegos de lo más originales. Al principio, pensamos que son para niños, pero no, estábamos equivocados. Entonces, nos propone jugar a "verdad o reto". Cuando le toca el turno a *Iḥsān*, escoge verdad. Es Luisa quien hace la pregunta.

—¿Amas a *Karīm*?

Iḥsān levanta la cabeza, asombrado. De forma inconsciente, separa sus labios mientras me contempla. No es preciso que responda, en su gesto se delata el sentimiento. Aun así, hay un movimiento apenas perceptible que confirma la respuesta. Rompiendo el círculo que habíamos formado, acerco mis manos a las suyas, sujetándolas con seguridad. Luego me estiro para alcanzar sus labios por vez primera en público.

Tenemos mucho que celebrar y un baile pendiente que ya no merece la pena retrasar. Estoy feliz, liberado. Bailo como nunca antes y, al son de mi canción favorita, tiro del cuerpo de *Iḥsān*. Todo el mundo nos mira, pero ya no me importa. Estoy harto de ocultarme. «Lo amo. Me ama. ¿Qué más da lo que piensen los demás?».

Volvemos a casa contentos y emocionados. Nadie nos ha juzgado. Ojalá todas las personas fueran como ellas. Si eso ocurriera, en el mundo no importarían las diferencias. La luz de la luna nos ilumina.

Por fin, después de tanto sufrimiento, parece que hemos encontrado algo parecido a un camino a seguir.

Cuando la puerta de casa se cierra a nuestras espaldas, el silencio llena el espacio. Estamos solos en mitad de una casa llena de gente. Y en la habitación que guarda nuestros secretos, nuestros labios juegan una vez más a amar.

La calma con la que continúa la primavera nos sorprende, ya acostumbrados a sufrir altibajos de forma continua. Seguimos trabajando en el campo, salvo los días de lluvia y viento fuerte. Lo hacemos a destajo, parando una hora para comer desde el amanecer. Hemos hecho amigos, aunque al principio fuera difícil relacionarse con personas de distintas culturas. Con el tiempo las diferencias se fueron disipando, y es que en España es mucho más lo que tenemos en común que lo que nos separa.

El abrazo de *Iḥsān* suele apartar los pensamientos tristes cuando aparecen. Al acercarse el verano, la campaña se termina y en la empresa no hay más productos que recoger, con lo que nos despedimos de los compañeros de trabajo. ¿Qué haremos ahora? No podemos acceder a ningún tipo de ayuda y nos vemos obligados a subsistir con las horas que *Iḥsān* hace en la cocina del bar y los ahorros que nos quedan. Los últimos días de junio pasan rápido. Esperamos, a pesar de todo, encontrar otro empleo.

En julio paso algún día descargando camiones, pero el trabajo se termina rápido y no sé si volverán a llamarme. Los ahorros tiritan al llegar agosto y empezamos a ponernos nerviosos. Lo peor llega cuando *Anīsa*, *Faraḥ* y *Ḥabīb* nos avisan: se irán a Francia, donde tienen familia, y dejarán la vivienda.

Una vez más, acudimos a las *ong*. Es un *déjà vu*. Un abogado nos dice que solo podremos conseguir los papeles tras dos años en territorio español. ¡Dos años! A contar desde el momento en que logramos empadronarnos, y que solo será posible si para entonces encontramos un empleo en el que nos hagan un contrato o si accedemos a una formación que nos permita trabajar en el mismo sector del curso escogido. Parece un círculo vicioso del que no se pueda salir. Dos años es mucho tiempo y ya hemos pasado por suficientes penurias. Sentimos rabia.

Los días pasan. *Anīsa* y su familia ya se han marchado. Estamos solos en la casa que no nos la podemos permitir. Triste por la situación, hoy miro mi vieja cartera. De todo lo que gané quedan quinientos euros. Pregunto a *Iḥsān* y me enseña otro billete. Uno de doscientos. Algo más si suma las monedas. Tras revisar varias veces los armarios, salimos de la vivienda y partimos sin rumbo fijo. Una vez más en la cuerda floja. Decidimos seguir la senda del río hacia las afueras de la ciudad. Tras horas caminando, un sendero de tierra nos lleva hacia una casa de campo abandonada, cuyas ventanas están rotas y sus puertas desgastadas. Nos miramos y avanzamos hacia ella. No hay luz, ni agua, ni unas condiciones mínimas para la vida, pero hay un techo y eso es mejor que dormir en la calle. A pesar de la sensación de vacío que nos persigue cuando contemplamos los escombros que cubren la cocina, pienso que *Allāh* nos protege.

Hay algo en ese lugar que atrae a *Iḥsān*. No sabe qué es, no comprende cómo puede agradarle en lo más mínimo: las gruesas paredes de la casa se deshacen al pasar la mano por ellas, convirtiéndose en tierra, al huerto ya no le cabe más hierba seca y los pocos muebles que aún quedan están podridos y huelen mal.

Es temprano aún, aunque como estamos muy cansados, decidimos que ha llegado el momento de ubicarnos. Escondemos nuestras cosas tras una puerta que se sujeta de mala manera y llamamos por teléfono a las *ong* más cercanas. Solicitamos un par de colchones o una cama. «Es difícil tan rápido», nos confiesan. Intentarán conseguir algo cuanto antes, pero por el momento no pueden ayudarnos.

Después de un corto descanso, vamos hasta el pueblo más cercano y en la primera tienda que encontramos compramos productos de limpieza. Regresamos y, con el poco material que tenemos, desinfectamos una habitación. Tras fregar el suelo y dejar un agua chocolatada en el cubo, colocamos la tienda de campaña dentro de la habitación con sus mantas en el suelo, y nos echamos sobre ellas. Será nuestra cama por hoy.

Cuando el hambre llama a la puerta, nos levantamos y comemos lo que habíamos comprado en el supermercado.
—No se está tan mal —susurro—. Después de todo, hemos pasado por momentos peores tú y yo, ¿no?

Iḥsān me abraza sin decir nada. Después de cenar, sale al huerto. Debe de ser tarde, pero aún hay mucha luz. El verano hace que los días sean largos.
—¿Qué haces aquí de pie? Me has dejado solo —me quejo cuando salgo yo también.

—Solo soñaba. ¿Te imaginas cómo sería nuestra vida si pudiéramos transformar todo esto en un lugar para vivir?

Contemplo el espacio. Solo veo malas hierbas y matorrales altos. Y mosquitos, muchos mosquitos que ya me están atacando.

—Cierra los ojos, por favor —me pide *Iḥsān* al detectar mi estupefacción.

Le obedezco sin saber muy bien qué es lo que pretende.

—Ahora piensa en la casa —me dice—. Imagínala recién construida. Las tres habitaciones tenían paredes blancas y su enorme altura lucía con esplendor. El suelo recién fregado reflejaba las pisadas de quienes vivían en ella. Había ventanas adornadas con cortinas coloridas. Un aroma dulzón salía del hornillo de la cocina, en el que se cocinaban sabrosos platos, algunos de los cuales se fueron transmitiendo de generación en generación. Lo mejor era el baño. La bañera era blanca y amplia. Sobre ella había un estante lleno de jabones. Un gran espejo mostraba las sonrisas de los propietarios, que dedicaban su tiempo libre a arar el campo y cuidarlo. Había dos jazmineros en la entrada, uno a cada lado, ¿los visualizas?

Asiento mientras *Iḥsān* sigue:

—Tenían narcisos aquí y allá adornando el patio —hace un pequeño descanso para respirar profundamente—, donde un perro y un par de gatos jugueteaban. Por entonces no había móvil y el campo era muy solitario, pero no les importaba, eran tan felices juntos que las horas pasaban con rapidez. Al terminar el duro trabajo se sentaban en sus mecedoras a contemplar el atardecer y saludar a la primera estrella que apareciera en el cielo.

—¿Sabes, *Iḥsān*? Soy un chico de ciudad. Nunca antes había imaginado vivir en un lugar así, pero me has convencido. Te lo compro, ¿dónde hay que firmar? —me vuelvo hacia él.

—Aquí —señala con un gesto seductor en dirección de sus propios labios.

Algún día suelto *Karīm* trabaja en una heladería, enfrentándose a sus miedos, mientras *Iḥsān* sigue con Bea, que le ha ampliado algo el horario de jueves a domingo. Desde una *ong* les han conseguido por fin un colchón y un par de sábanas que van lavando en una zafa, al igual que sus prendas de vestir. Han puesto una cuerda enganchada a un palo y ahí tienden cada vez que lavan. De vez en cuando cogen un autobús que los lleva a la ciudad más cercana a buscar trabajo, recorriendo todas las empresas. Agosto es un mal mes, muchas están cerradas. Por eso, también acuden al centro cultural y desde los ordenadores públicos toman nota de las ofertas laborales que encuentran, llamando a todas. En ninguna les dan trabajo.

Los días pasan sin demasiado que hacer cuando no trabajan y los altibajos emocionales de *Karīm* vuelven a ser más frecuentes, acompañados por una tos que se ha mantenido más allá de la primavera y por su delgadez extrema.

Una mañana, *Iḥsān* sale de casa con una mezcla de mal humor, tristeza y cansancio por la situación. Él siempre ha luchado por las cosas que le importan. Su familia, su hogar, su tierra... está lejos de todo y, sin embargo, sonríe a la vida por todas las oportunidades que le ha brindado. «¿Por qué *Karīm* no lo entiende? ¿Por qué siempre anda deprimido?». Hoy ha discutido con él por algo sin importancia, ni siquiera sabe cuál ha sido el detonante, pero cada día le cuesta más afrontar esa actitud de derrota que acompaña a *Karīm*.

El teléfono suena cuando pasea por la calle y mira la pantalla en silencio. No se ve capaz de responder. Es su *umm*, y a ella no sabe ocultarle los momentos en que está mal. Si ahora escuchara su voz, rompería a llorar de desesperación. Con *Sūfiyā* es más fácil, se escriben a diario.

Piensa que en esta vida lo importante es levantarse cada día y dar un paso más, ocurra lo que ocurra. Luchar incluso cuando te devora el apetito, incluso cuando no te quedan fuerzas. Sin embargo, hoy el ánimo le ha abandonado. Por eso se dirige al único lugar en el que cree que puede recuperarlo, la mezquita. La contempla por fuera; es hermosa en su sencillez, aunque no se parece en nada a las de Marruecos. Ya en el interior se arrodilla sobre la enorme alfombra que cubre el suelo y reza. Necesita liberarse de todos los pensamientos tristes que le recorren el cuerpo.

Al verlo tan concentrado en sus plegarias, el imán siente curiosidad y le pregunta si puede ayudarle. *Iḥsān* le habla de su amigo, de la tristeza que le consume el corazón y de la rabia que siente por no tener las mismas oportunidades que los españoles. Encontrar trabajo, el tema legal, la búsqueda de un hogar... pero lo peor son las miradas de odio y los comentarios crueles que les lanzan solo por ser extranjeros o por la tonalidad de su piel.

El imán le pone una mano en el hombro y lo hace sentarse a su lado. Le habla de las bondades de los europeos y que el racismo es peligroso, venga de quien venga y se dirija a quien se dirija. *Allāh* es bondadoso. *Allāh* les protege. *Allāh* es sabio y juicioso. Sale reconfortado de la mezquita.

Vuelve a casa cuando anochece y se tumba relajado y más tranquilo. A *Karīm* lo han llamado para servir helados unas horas por una baja de un compañero, con lo que cierra los ojos para descansar.

Al día siguiente, *Iḥsān* compra un par de azadas y unas semillas. Ya en el campo, encuentra a *Karīm* rezando. Espera a que termine y entonces se acerca a él. No se disculpa, no es necesario, en los ojos de ambos se lee que la tormenta ha pasado. Se sientan juntos e *Iḥsān* le cuenta la conversación con el imán, contento de no encontrar tanta hostilidad.

Si no fuera por esa melancolía que a veces le ataca sin remedio, *Iḥsān* piensa que podría ser muy feliz con *Karīm*.
—Por algún sitio habrá que empezar, ¿no crees? —se anima al ver las azadas—. Dame una. *Iḥsān*, yo no quiero estar así, no quiero estar triste. Es solo que no lo puedo evitar. No es tu culpa, al contrario, a veces siento que eres lo único bueno en mi vida.
—En lo bueno y en lo malo, te quiero. Venga, hagamos nuestros sueños realidad.

Con septiembre nos llega por fin una buena noticia. Ana, una joven voluntaria de la *ong* a la que estamos acudiendo, se ha enterado de que hay trabajo en el campo en un pueblo más al norte. Nos cita y habla con el empresario. Aunque no quiere cogernos porque no tenemos papeles, Ana insiste y el hombre hace una excepción con nosotros. Tendremos trabajo unos meses si demostramos que valemos.

De nuevo recogemos todo y partimos en silencio. La noticia es magnífica, pero supone volver a vivir rodeados de gente y esconder nuestro amor, hacer como si entre nosotros no hubiera más que una bonita amistad. Como recuerdo de nuestro paso por el campo recojo una piedra y la guardo en la mochila, dentro de una bolsa, junto a las dos azadas. Miro el paisaje por última vez y me deleito en él imaginándolo transformado.

—Algún día —suspiro.

—Algún día —me contesta *Iḥsān*, mirándome de reojo.

Karīm, acatarrado, se despierta entre gritos por una pesadilla. Para *Iḥsān* no es nada nuevo. Ya le ha ocurrido varias veces desde que esos tipos lo acosaron en el bar, pero los jornaleros se quejan porque no les deja descansar. Ya van varios días seguidos en los que chilla. Cuando esto ocurre, *Iḥsān* se acerca a él y lo calma susurrándole la letra de la nana que tanto le gusta. Esta vez le sube la fiebre. Teme no saber qué hacer si *Karīm* enferma más. Ayer Eduardo, el encargado general, ya les advirtió que habían bajado el ritmo. No se fijó en la cara desencajada de *Karīm*, que trabajaba a destajo a pesar de la gripe, ni en cómo *Iḥsān* repartía la fruta que cortaba entre las dos cestas para disimular la debilidad de *Karīm*.

—¿Estás bien? —le pregunta *Iḥsān*.

—Solo un poco mareado. ¿Ya es hora de ir a trabajar?

—No, solo son las 03:00. Otra vez estabas gritando.

—Lo siento.

—No importa, duérmete. Me quedaré a tu lado —*Iḥsān* tiene el mal presentimiento de que *Karīm*, ardiendo de nuevo, va a empeorar.

Amanece. Todos se levantan y se arreglan con ropa cómoda y pantalones de tela gruesa. Se aseguran de llevar los guantes para evitar pinchazos. Hoy van a empezar en un nuevo terreno y hay mucho que organizar. Mientras esperan a que lleguen los furgones que los recogen para ir al campo, Eduardo conversa con todos acerca de lo que deberán hacer. *Iḥsān* asiente, aunque no está demasiado concentrado en la conversación. De reojo ve cómo *Karīm* se dirige al baño con prisas mientras tiene un ataque de tos que todos escuchan desde el comedor. *Iḥsān* se disculpa con el encargado y va a buscarlo, preocupado.

—Oye, ¿estás bien? Así no puedes trabajar.

—No voy a faltar. Pararé si me encuentro peor.

—Quédate y no te obligues tanto —le pide.

—No, quiero trabajar. Vamos, nos esperan.

Costel, uno de sus compañeros de trabajo, acaba de asomarse para avisarles de la presencia del furgón con un gesto de su cabeza.

Iḥsān trabaja sin detenerse, solo a veces se aleja un poco de sus árboles para acercarse al lugar donde *Karīm* recoge los frutos.

—Estoy *bieeeen* —insiste al ver lo preocupado que está.

—Tu cara no dice lo mismo.

—Voy a seguir —dice quitándose el sudor de la frente con la manga—. Ya llevo demasiado retraso hoy. Deberías hacer lo mismo y no preocuparte tanto por mí.

—Vale —*Iḥsān* acepta poco convencido.

Después de comer todos descansan acurrucados en una pared. Algunos fuman mientras conversan en un español poco fluido o hablan en subgrupos en su lengua materna. Casi todos los compañeros son rumanos. *Karīm* e *Iḥsān* no logran entender nada, por lo que prefieren aprovechar el tiempo para cerrar los ojos y dormir algo.

Tras el merecido descanso vuelven al trabajo. El viento sopla ahora más fuerte e *Iḥsān* se tapa tanto como puede las orejas con el gorro. El frío comienza a ser molesto. Todos los días tienen algún momento con llovizna, bajo la cual siguen trabajando. Está cogiendo los frutos de la rama más alta cuando escucha el grito de Costel pidiendo auxilio. Al imaginar lo que ocurre, *Iḥsān* suelta la tijera y corre en dirección a la voz.

—Se ha desmayado —le explica Costel, echado sobre el cuerpo desfallecido de *Karīm*, escuchando sus latidos.

—Estoy bien —susurra *Karīm* abriendo los ojos—, solo necesitaba descansar un rato.

—Avisa a Eduardo —pide *Iḥsān*—. Dile que nos vamos a Urgencias.

—No será necesario, ya estoy bien —asegura *Karīm* intentando levantarse.

—¿No ves que apenas te sostienes?

—Puedo ir solo —insiste mientras se balancea.

—No, no puedes. ¿Y si volvieras a desmayarte? Voy contigo.

—El trabajo...

—Tu salud es más importante.

—Ahora aviso. Marchaos —les promete Costel, que vuelve a su puesto de inmediato.

Ioan, el encargado del grupo y del vehículo, recoge a los chicos con el furgón y los acerca hasta la puerta de las Urgencias más cercanas. Tras explicar lo sucedido, priorizan su triaje. Le cuesta respirar y está pálido. Nada más entrar lo sientan en la camilla y le toman el pulso. Es más fuerte de lo normal. La doctora de guardia solicita a Enfermería una analítica completa. *Iḥsān* se queda solo en la sala de espera.

Tardan más de treinta minutos en asomarse a informar y, cuando lo hacen, le indican que está mejor y que ya puede pasar a verlo.

—Tiene las defensas muy bajas. No es normal en alguien tan joven —le informa la doctora, que intenta explicarle pacientemente todo lo que van a hacerle.

—Pensábamos que era un resfriado mal curado. Al llegar la primavera los síntomas fueron a más. Pensé que era alergia. Esta semana ha empezado a subirle la fiebre y cada día que pasa come menos y está más débil. Me preocupa —explica *Iḥsān* compungido.

—Aquí le haremos más pruebas. Si fuera necesario lo derivaremos al hospital. ¿Tiene tarjeta sanitaria?

—No, no tenemos papeles.

—Habla con la trabajadora social, coge cita con ella cuanto antes porque tendréis que pagar en la farmacia los medicamentos que le recetemos.

—*Eeeh...* ¿Será muy caro?

—Tranquilo, seguro que todo se puede arreglar. Lo importante ahora es que *Karīm* —dice revisando el nombre en el historial— esté bien. ¿Tiene algún familiar al que haya que avisar?

—No. Yo soy su familia —responde convencido.

—Está bien, pasa. Entraré contigo y os sigo explicando.

Iḥsān entra en la habitación cabizbajo. Todavía tiene muy fresco el recuerdo de las revisiones a las que tuvo que acudir con su *wālid*.

—Hola *Karīm*, ¿cómo te encuentras? —pregunta la doctora—. Tienes que cuidarte mucho, esa tos parece haber derivado en neumonía. ¿Recuerdas desde cuándo toses así?

Karīm no sabe responder pero *Iḥsān* hace cuentas. Empezó hace tiempo, cuando aún estaban en la calle. El día que durmieron en el interior de la entidad bancaria, empapados tras la fuerte tormenta. Desde entonces, a *Karīm* la salud le ha ido a menos. Ahora *Iḥsān* mira atrás y se le empañan los ojos.

—Está bien, ya tengo suficiente información. En cuanto lleguen los informes, os avisamos.

—*Karīm*, tienes que cuidarte. No podría soportar que te pasase algo. Yo...

—Cálmate, *Iḥsān* —le tranquiliza—. Estoy bien, he pasado por cosas mucho peores. De hecho, si aún estoy en este mundo es solo gracias a ti.

Al cabo de un rato, la enfermera entra a la habitación con un semblante tranquilizador.

—Bueno, bueno —comienza—. Necesitas estar en reposo unos días, en cama, cubierto de mantas y con una temperatura adecuada.

—Señora, eso no es posible —*Iḥsān* interviene—. Dormimos en un colchón en el suelo. Ni siquiera tenemos agua caliente.

—Pues no está el chico como para aguantar esas condiciones. Hoy voy a pedir una ambulancia para llevarlo al hospital y que le hagan más pruebas. Supongo que lo dejarán ingresado allí un par de días mientras le dan los resultados y lo medican. Cuando lleguéis, hablad con la trabajadora social por si hay algo que se pueda hacer. Nosotras enviaremos allí su informe, pero no podemos hacer mucho más.

Cuando la enfermera vuelve a salir de la sala, *Iḥsān* se acerca a los labios de *Karīm* y lo besa.
—Prométeme algo: no dejarás de trabajar por mí.
—Alguien tendrá que cuidarte.
—No, no faltes ni un solo día más —un nuevo ataque de tos recorre todo su cuerpo.

La doctora entra con una mascarilla de oxígeno para *Karīm*.
—Prométemelo —insiste a *Iḥsān*, que asiente—. Gracias. Vete ya. Tendrás que madrugar. Y no te preocupes, estaré bien.

La doctora le pone la mascarilla y *Karīm*, por fin, se relaja.

A su vuelta a la vivienda, todos los jornaleros se disculpan con *Iḥsān*. Deberían haber estado más atentos a su salud, era evidente que no se encontraba bien desde hacía días. uando se queda solo, *Iḥsān* reza con fervor y se acuesta sin probar un bocado de la cena. Quiere dormir y olvidarse de todo.

Al día siguiente, nada más levantarse envía un mensaje a *Karīm* preguntándole cómo se encuentra. El chico le contesta con una imagen de la habitación del hospital y el texto: «Aburrido» y él sonríe. «Mi habitación es la 307». Que esté aburrido es una buena señal. Le gustaría acompañarle, pero el trabajo lo llama. Ioan lo va a llevar a verlo cuando terminen.

A lo largo del día, en los descansos, va llamándolo. La tos continúa pero, según *Karīm*, está mucho mejor. No le cuenta que un doctor ha estado por allí y le ha mandado hacerse más pruebas, con un semblante tan serio que le ha dejado preocupado.

Ya son las 20:00 cuando *Iḥsān* entra por la puerta del hospital con un regalo bajo el brazo. Ian se ha marchado, no sin antes explicarle cuáles son los autobuses que debe coger para regresar a casa.

—¡*Karīm*! —se acerca despacio, lo abraza y le besa la frente.

—Estoy bien —le asegura el chico. Se lo quita de encima y, entre risas, le arranca el regalo—. ¿Qué has traído?

—Tú ábrelo.

—Soy un pésimo artista —se ríe al ver un cuaderno de dibujo.

—Solo prueba. Ya aprenderás.

Al abrir el cuaderno, se encuentra una ilustración que le conmueve. Es él mirando el paisaje que *Iḥsān* le mostró en el campo que ya dejaron. La casa está reformada y la valla luce bien colocada. Se ven las montañas y se intuye una brisa que mueve las plantas con alegría. *Karīm* mira a *Iḥsān* con ternura.

—Gracias.

—No tiene importancia, ¿qué te ha dicho el médico?

—Que estoy mejor.

—Y ahora la verdad.

—No he entendido nada.

—Déjame los análisis.

—¿Para qué? Tampoco los vas a entender. Están ahí.

—Lo tienes todo mal.

—Sí... Dice que es por mi estilo de vida —confiesa *Karīm*—, que debo comer mejor y dormir en un ambiente cálido, que no puedo seguir viviendo así. Es una neumonía agravada. Si no llegas a obligarme a ir a Urgencias, podría haberme ocurrido algo peor.

Karīm tose una vez más.

—No voy a poder trabajar en el campo, *Iḥsān*. Al menos, no de momento. Han hablado con varias *ong*. Me van a alojar unos días en una residencia y no podré verte. Cuando me lo han dicho —una lágrima traicionera se desplaza por su cara—, yo...

—*Karīm*, ¡eso es maravilloso! Yo iré a verte donde esté ese albergue. Ya sabes que no puedo estar mucho tiempo sin ti. Aún no te vas, ¿no?

—Me quedan unos días. Cuando ya no tenga que estar agarrado a un palo con medicamentos para caminar —señala el suero.

Cada día *Iḥsān* visita a *Karīm*. Hoy ha salido tarde del trabajo porque ha tocado limpiar la uva en los almacenes. Él no rechaza ninguna hora extra aunque sienta los pinchazos del agotamiento en su piel. Después de cinco días ya no se lía tanto con los pasillos. Se cruza con un par de visitantes y un celador con el carrito de las cenas. Al llegar a la habitación de *Karīm*, la puerta está abierta. Se asoma dudoso y descubre que no hay nadie, ni siquiera está su mochila. *Iḥsān* busca su móvil, lo pone a cargar en la sala de espera y cuando tiene suficiente batería, lo enciende, culpándose por no haber sido previsor. Solo entonces le llega el molesto pitido que avisa de que tiene llamadas perdidas.

El teléfono suena, de repente, en sus manos.
—¿Estás bien? —le escucha decir a *Karīm*.
—¡*Karīm*! —como un jarrón que cae al suelo, estalla en pedazos; la voz se le corta y sus mejillas se mojan.
—¿No vas a decirme nada? He echado de menos que vinieras a despedirme.
—Lo siento, me quedé hasta tarde trabajando y no tenía batería en el móvil para avisarte. ¿Estás bien?

—Aquí lo tengo todo, pero no me gusta la soledad.

—Aguanta, ¿vale? Estarás bien.

—Es duro.

—También para mí. No sabes cuánto, *Karīm*. Prométeme que vas a cuidarte.

—*Iḥsān*, me estoy quedando sin saldo. No sé cuándo podré hablar de nuevo contigo.

Sin importar que alguien más escuche, *Karīm* afirma.

—Te quiero.

Tras una semana en la residencia, estoy desesperado. Tengo menos tos y me encuentro mejor, aunque me siento débil y estoy muy delgado. Las piernas me fallan después de tantos días en cama. Por primera vez he logrado dormir del tirón, sin pesadillas. Sin *Iḥsān* se han vuelto insufribles. El frío es espantoso, por muchas mantas que use. El edificio es viejo y feo, pero reconozco lo evidente: es mejor que dormir en el suelo.

Los horarios son estrictos. A las 07:00 se sirve el desayuno. A las 10:00 se entrega un tentempié, que consiste en un zumo de naranja o de limón y un paquete individual con tres galletas. A la 13:30 se almuerza. Luego ya no hay nada hasta las 20:00.

Entonces me dan un bocadillo y me piden que no moleste hasta el día siguiente. A partir de las 21:00 no se puede entrar ni salir de la residencia. Las puertas se cierran y solo hay un trabajador que se queda de guardia, así que obedezco y me meto en la habitación, donde poco o nada puedo hacer, salvo dibujar o intentar leer algo de la biblioteca del centro. Casi todos los libros provienen de donaciones, pero hay bastante variedad y a veces encuentro alguno con el que entretenerme mientras practico español.

Lo bueno es que Pedro, un profesor voluntario, nos da clases de inglés y dibujo por las mañanas. Dos horas, de lunes a viernes, en las que siento que tengo algo que hacer.

Ahora, como casi siempre, no tengo ninguna actividad programada. La televisión, que está encendida en la sala común, emite imágenes de una pareja peleando y, como no me interesa y no hay nadie con quien tenga confianza para hablar, vuelvo a la habitación. Al cuarto intento consigo plasmar en mi cuaderno una imagen medianamente aceptable de una cara masculina, aunque no se parece demasiado a la de Iḥsān. La mostraré en clase como forma de agradecer a Pedro lo que he ido aprendiendo estos días.

Ya han pasado dos semanas. De vez en cuando logro hablar con *Iḥsān*, aunque siempre lo pillo trabajando. Según me cuenta, está haciendo horas extras para cubrir todos los gastos de los medicamentos. Al menos, nos libramos de pagar la estancia en la residencia. La trabajadora social, de alguna manera que desconozco, se ha encargado de eso. Me siento culpable por seguir aquí sin poder trabajar.

Hoy es lunes de nuevo. La neumonía va mejorando, pero el médico aún me recomienda continuar en este lugar unas semanas más. Incluso me he enganchado a una telenovela, para matar el tiempo. Pienso que a veces viene bien saber que la gente tiene problemas distintos a los nuestros, aunque parezcan insignificantes. Llegan los anuncios y aprovecho para volver al cuarto donde me entristece ver que no he recibido ni una sola llamada de mi *mma* desde que partí. Ni qué decir tiene que no la espero de mi *wālid*. Y, sin embargo, los echo de menos. Me hubiera gustado sentir su cariño, una muestra de apoyo, un mínimo de preocupación por mi salud, un... algo. Siento que necesito hablar, liberar esta presión, y en la residencia no encuentro con quién compartir mis problemas. Miro mi móvil hasta llegar a la última conversación que mantuve con *Amīna* antes del accidente. Con ella siempre podía hablar, contarle aquellas cosas que me preocupaban y que

no me era posible decir a mi *mma*. Era tan atenta...
Sin quererlo, le doy al botón de llamar mientras leo
los mensajes que me envió antes de partir rumbo a
España. Cuando el móvil vibra y la llamada se activa,
quiero colgar, pero me bloqueo.

Una voz al otro lado me saluda con cariño. No sé qué
decir, pero me emociono y lloro. Ella, en cambio, me
saluda con palabras amables.

—Ya pasó, *Karīm*, ya pasó —acierta a calmarme
sabiendo el dolor que siento por la pérdida de su
hijo—. *Allāh* lo quería a su lado y nos lo arrebató. Ya
pasó. No es tu culpa. Me alegro de que te decidieras
a llamarme. Pensé que tal vez, al perderlo a él te
perdía a ti también.

—Si no hubiéramos escuchado a aquel hombre —digo
entre sollozos.

—Yo también lo añoro, cariño. Mucho.

—Lo siento tanto...

—*Ibrāhīm* era fuerte, divertido y cariñoso. No hay
día que no llore su ausencia pero, *Karīm*, lo que sucedió no se puede cambiar. Solo podemos aprender a
vivir con el dolor de su pérdida y a buscar la felicidad
en cada instante, que es lo que él más querría.

Es cierto, *Ibrāhīm* disfrutaba de las pequeñas cosas.
Hasta en los peores momentos de su vida, siempre
encontraba un motivo para sonreír. Seguro que

querría la felicidad para nosotros. Hablamos durante un buen rato y lloramos juntos al pensar en él, en todo lo que podría haber sido y en la vida que le anhelaba tener en España. Siento cómo mi cuerpo se vacía del enorme peso de la culpabilidad. Ella no me recrimina lo que pasó, sino al contrario, me agradece la compañía que le proporcioné siempre a su hijo y los momentos felices que vivimos juntos. Incluso llega a reír recordando algún instante. Es una risa sincera, cargada de melancolía. Sus palabras se convierten en el bálsamo que necesito.

—Cariño, *Ibrāhīm* tenía un sueño: compartir contigo la aventura de su vida. Y lo hizo. Puede que saliera mal, pero lo hizo. Estoy segura de que algo de él ha quedado para siempre en ti. De alguna manera, si tú continúas con esa aventura, él lo hará también. Solo deseo una cosa: que procures ser feliz.

Cuando la conversación concluye, cuelgo el teléfono con una sensación en el cuerpo que no sabría describir. *Amīna* no me odia, al contrario, me desea felicidad. Me ha perdonado todo lo que yo no soy capaz de perdonarme y me ha tratado como a uno más de sus hijos, como me trató siempre. Es una mujer extraordinaria, llena de amor. Me alegro al pensar en la suerte que he tenido de poder, de algún modo, formar parte de su familia.

Llevado por la emoción del momento, marco el teléfono de mi *mma*, pero me sale apagado. Vuelvo a llamar a *Amīna* y le pregunto si sabe algo de ella. Me confiesa que continúa viviendo en el mismo sitio y recibiendo la visita de mi *wālid* una vez por semana. A la mujer se le quiebra la voz cuando reconoce que hoy mismo ha hablado con ella.

—Lo siento, mi amor. Yo sé que es duro y que no te lo mereces. Siempre fuiste un buen hijo, obediente y cariñoso, a pesar de que tus padres no te lo pusieran nada fácil —un silencio triste atraviesa la distancia que nos separa—. Lo siento, cariño.

Aunque podría imaginármelo, no impide que sufra al confirmar que no quieren saber de mí. Pienso en Marruecos. Hace mucho que no sé cómo están mis amigos, solo de vez en cuando nos hemos escrito algún mensaje. *ʿUmar* debe de estar en la tienda de su familia y a *Yasīr* lo imagino tejiendo alfombras en la vieja fábrica. Se me abalanzan los recuerdos de un tiempo que me parece lejano. Busco en el móvil las fotos más antiguas. *Ibrāhīm* siempre en medio, animando la fiesta con sus ganas de disfrutar de la vida. Si pudiéramos vernos... Les haré una videollamada desde la replaceta de la residencia, donde también hay *wifi*.

Espero a que sea la hora en que salen del trabajo en uno de los bancos azules y, cuando llega el momento, llamo. No tardan demasiado en incorporarse a la videollamada. Me emociono. Me alegra ver que no han cambiado ni un poco en este tiempo. Todos extrañan el vacío de quien falta pero hablamos de lo que ha pasado en Marruecos en este tiempo y de nosotros. Cuando me preguntan cómo me va, no sé qué decirles. Me quedo en blanco. «¿Cómo explicarles que nada es lo que parece en España y que la vida perfecta que nos vendieron no es más que un cuento de hadas? ¿Cómo explicarles que no sé qué es peor: la soledad, el frío de la calle o el hambre?» Suspiro y me sincero con ellos.

Yasīr me pregunta por qué no vuelvo si aquí no soy feliz. Meneo la cabeza, les digo que aquí puedo ser yo mismo y que he encontrado a alguien que me hace feliz. Los chicos me preguntan cómo es ella y me estremezco ante la duda de contarlo.

—Se llama *Iḥsān* y, aunque al principio lo odiaba, hace mucho que me hace feliz.

—¿Un chico? ¿Entonces sí eres *gay*? —pregunta *ʿUmar* con sorpresa en su voz.

—Sí, chicos. He intentado ocultarlo al mundo, incluso a mí mismo, pero soy lo que soy y no quiero ni puedo callarlo por más tiempo.

—Si tú eres feliz con él, entonces enhorabuena —añade *Yasīr*—, me alegro por ti. Además, allí no tendrás problemas con eso.

—Pero, escucha —pregunta *'Umar* pensativo—. *Ibrāhīm* y tú...

—No, no, ya sabéis que no. Solo éramos amigos, los mejores. A él siempre le gustaron las chicas. ¿Os acordáis de la facilidad que tenía para conquistarlas? Solo le bastaba con poner cara de niño bueno. No necesitaba más.

—¡Cómo era! —ríe *'Umar*.

Nos prometemos no dejar pasar tanto tiempo hasta la siguiente llamada y nos despedimos. Me emociono y doy un paseo antes de entrar de nuevo en la residencia. Hace frío, pero me he abrigado bien. La tos aún me persigue y el doctor ha vuelto a recordarme que no haga esfuerzos hasta que esté totalmente recuperado. Llamo a *Iḥsān*. Siento su sonrisa como una caricia y sus palabras como besos que me cubren el cuerpo. Lo añoro, pero hablo de temas sin importancia, pretendiendo alargar más y más la conversación. Cada día es igual desde que llegué y la hora del teléfono se convierte en la mejor del día. Si alguna vez no suena, siento que me falta algo importante. Necesito recuperarme rápido y volver, es lo que más deseo.

Al fin, cuando el médico me da el alta definitiva, me advierte:

—Tienes que cuidarte. Si no vas a enfermar de nuevo.

—Pero...

—¡Y nada de hacer grandes esfuerzos!

Decido marcharme. Agradezco a todos lo que han hecho por mí. Pedro me han conseguido unas libretas nuevas y lápices para que siga practicando lo aprendido en sus clases. Me pide que me cuide y me abraza y salgo del centro como entré: cargado con la vieja mochila y con esa sensación de vacío que me acompaña en cada momento de cambio. Me dirijo hacia la estación de autobuses cargado de ilusiones. No puedo evitar, sin embargo, mirar a un lado y a otro, asegurándome de que nadie me persigue.

5

Un lugar donde respirar

Unos golpes en la puerta advierten de la presencia de alguien en el exterior de la casa que *Iḥsān* comparte con los otros trabajadores. Cosme deja la cena y va hacia ella. Al abrirla, se encuentra con *Karīm*. *Iḥsān* escucha su voz y corre. Cuando llega frente a *Karīm*, las lágrimas ya pasean por su cara. Lo abraza y lo levanta del suelo. Lo que piensen le da igual. Después de la bienvenida, se sientan a cenar en el comedor. *Karīm* no necesita explicarles nada: *Iḥsān* ya les había puesto al día de su situación en la residencia.

—Siéntate y cena con nosotros —le invita Cosme.

—No, gracias. Quiero organizar primero un poco todo esto. A oscuras no voy a poder.

Iḥsān vuelve a acercarse a él y revuelve sus cabellos, que están ahora más largos que cuando se marchó. No recordaba lo guapo que era. Está muy delgado, pero parece sano. Ya tendrá tiempo de recuperar lo perdido, de eso se ocupará él cocinando buenas raciones. Eduardo va a visitarlos al enterarse de su vuelta. Se alegra de verle, y enseguida le pregunta si va a regresar.

—Ya lo vemos luego, ahora no me apetece hablar de trabajo —dice *Karīm* pidiendo a *Iḥsān* que salga a por unas patatas—. Me muero de ganas de comerlas.

En realidad, es solo una excusa para quedarse a solas con su jefe, que ha captado su intención a la primera. Conforme sale por la puerta, *Karīm* se vuelve hacia Eduardo.

—Ahora podemos hablar. Me protege demasiado y no quiero preocuparlo.

—Entendido. Pero entonces, ¿estás mal?

—Estoy mejor, pero el doctor ha sido muy claro. Me ha aconsejado que evite el frío y los grandes esfuerzos. Si me lo permites, intentaré continuar con el grupo, pero no podré seguir el ritmo de los demás. Parece ser que los problemas que me ha causado esta maldita neumonía me acompañarán bastante tiempo.

—*Ok*. Lo único es que ya sabes que aquí pagamos por lo que hagas, así que...

—Está bien, lo comprendo.

El ruido de la puerta al abrirse diluye la conversación. *Karīm* roba las patatas de los brazos de su amigo y las reparte entre los compañeros. Está feliz.

Hoy *Iḥsān* tiene ganas de hacer algo diferente, es domingo y hay que disfrutar. Por eso, aunque es temprano, despierta a *Karīm* quien hace un esfuerzo por abrir los ojos. La ilusión es su guía, su destino, pero la tos hace su aparición. *Iḥsān* deja que *Karīm* descanse apoyado en su cuerpo y, después de un rato de completa calma, decide preguntarle aquello que más le preocupa. El timbre en su voz le delata. Si habla mucho, se quebrará.

—No vas a quedarte, ¿verdad?

Iḥsān lleva días observando sus movimientos, preocupado. Lo ha visto trabajar en el campo: no puede seguirles el ritmo porque la neumonía le ha dejado secuelas. Eduardo no aguantará mucho más con él en la casa. Justo ayer decía que se iba a incorporar un muchacho joven, primo suyo, para ayudarlos. Quiere personas que rindan lo máximo y cada día le cuesta más sobrellevar la enfermedad de *Karīm*, que empieza a molestarle.

—Solo me quedaré unos días más por aquí, porque trabajar en el campo ahora mismo me es complicado, aún estoy demasiado débil. Hoy Bea me ha llamado para preguntarme qué tal nos iba. Va a abrir un nuevo local, ¿te dijo algo?

—Algo comentó, sí, pero por entonces no lo tenía claro.

—Pues sí, va a abrirlo y quiere que yo trabaje en él.

Iḥsān se alegra por Bea y felicita a *Karīm* por su nuevo trabajo.

—No te alegres tanto. No es aquí, es en otro pueblo.

Iḥsān empalidece, eso significa que se alejarán de nuevo. Sonríe para disimular lo que está sintiendo.

—Está bien, es una buena noticia, pero me apena que estemos lejos.

—Ya, es duro. Desearía que las cosas fueran distintas, poder pasar cada instante contigo. Por desgracia, estoy seguro de que es mi mejor oportunidad. Bea ha contratado a su hermana y a dos personas de confianza para trabajar en el local antiguo. Sabes que sigue contando contigo y... ¡el nuevo estará en la playa en la que estuvimos! Es un chiringuito. ¿Te imaginas, *Iḥsān*, lo que eso supondrá? Otra vez como en los viejos tiempos, pasando tiempo juntos con el canto de las olas de fondo. Prométeme que vendrás a verme a menudo.

—¿Y dónde te quedarás?

—Me ha dicho Bea que de momento puedo quedarme en el piso que ha alquilado.

Iḥsān, se alegra de que *Karīm* pueda lidiar con los malos recuerdos del pasado, pero le pregunta por su salud.

Tos, tos y más tos durante la última noche. Me envuelvo en mi chaqueta y salgo del cuarto. No quiero despertar al resto. Ya dormiré tranquilo cuando esté con Bea. Me preparo un té caliente para intentar aliviar la garganta reseca. *Iḥsān* aparece y se queda apoyado en el marco de la puerta.

—¿Cómo estás?

—Me siento raro. Temo que este tiempo sin ti nos aleje.

—Pase el tiempo que pase, te esperaré —me confiesa con ternura, sin dejar de mirarme a los ojos.

—Prométeme una cosa, *Iḥsān*. Pase lo que pase en tu vida, procurarás ser feliz. No importa si yo no estoy contigo.

—Para ser feliz, procuraré encontrarte.

Sonrío porque, aunque no es eso lo que le he pedido, es lo que más deseo.

Iḥsān extraña estar cerca de *Karīm*. Las conversaciones, los silencios, su compañía... Incluso echa en falta su olor personal, tan característico y propio. Cuando se queda solo en la vivienda, saca el chándal que le dejó *Karīm* y se lo acerca a la nariz.

Los días saben insulsos para *Iḥsān*. Trabajo, casa, ducha, descanso, trabajo, casa, ducha, descanso. Siempre igual, excepto los viernes, cuando hace alguna escapada a la mezquita de algún pueblo cercano. Si hay mucha faena, no va al *ṣalāh*. Es lo que hay. Eduardo no consentirá que pierda tiempo en el trabajo para rezar.

A pesar de que las visitas a la mezquita siguen siendo infrecuentes, cuando lo hace suplica a *Allāh* por *Karīm*, por su amigo *Ḥakīm*, del que lleva meses sin tener noticias, y por su familia, a la que siente demasiado lejana. Su familia… Su *akh* ha crecido, pronto cumplirá dos años. Ha podido verlo algunas veces en vídeo, porque *Sūfiyā* ha ahorrado algo con el dinero que él le manda y se ha comprado un móvil. En la aldea no hay *wifi*, así que los graba en vídeo y se lo envía cuando está en el instituto. Esas pequeñas grabaciones, le dan la vida. Su *akh* es un niño alegre, que sonríe a la cámara siempre, y su *umm* sigue joven y hermosa. Con esos ojos tan luminosos podría conquistar a un ejército si quisiera, pero es piadosa y solo ha conocido el amor en brazos del marido que la sociedad le impuso. Por suerte, parecía que ambos habían nacido para amarse y fueron felices juntos.

Sūfiyā le cuenta en el último vídeo que ha intentado enseñar a su *umm* a leer, pero que se resiste. Piensa que aprender ahora, a sus treinta y siete años, es complicado. Además, está convencida de que las mujeres viudas deben dedicarse exclusivamente a servir a *Allāh* o volverse a casar con otra persona. A *Iḥsān* no le gusta escucharlo. Su *umm* siempre ha sido una buena musulmana pero no quiere que la interpretación que hace su imán de la religión, le impida vivir libremente.

Se decide a grabar un vídeo en el que habla a *Sūfiyā* y a su *umm* de las diferencias entre las mujeres de Marruecos y las de España. Les asegura que estudiar no las hace malas personas ni pecadoras. Al contrario, la formación las hace libres para elegir su destino. No lo sabe, pero *Sūfiyā*, en el aula de informática, aplaude al ver el vídeo por primera vez y lo reproduce una y otra vez con sus amigas. Todas las jóvenes de la clase acaban visualizándola en un futuro con él y soñando con una libertad que no tienen clara ahora. Esto genera un debate en clase que el maestro no logra evitar. Les cuenta que no todo es tan bonito, que no necesariamente esas mujeres son felices, y que allí sus problemas son otros.

Algunas nunca llegan a encontrar un marido ni a tener hijos. Y completa con su propia reflexión: «¿Y qué es la vida sin hijos para una mujer?». *Sūfiyā* llega a casa contrariada. Piensa si uno de los dos se equivoca o si es que en el fondo ambos tienen razón. El debate continúa varios días en clase hasta que *Sūfiyā* entiende que tener libertad no te asegura la felicidad, pero al menos te permite tener la opción de elegir el camino que quieres tomar.

Las semanas pasan y la vida de *Sūfiyā* comienza a cambiar cuando, al levantarse, descubre que ha dejado de ser una niña. Nerviosa, pide consejo a su *umm*, quien prefiere buscar respuestas:

—Pronto deberás buscarle un marido —advierte el imán—. Es una mujer y, como tal, debe dejar los estudios y casarse para crear su propia familia.

Cuando descubre la intención de su *umm*, la voz de *Sūfiyā* en el altavoz no suena demasiado segura. Habla rápido, con exhalaciones profundas y tristes.

—Hola, *khu*. Quiera *Allāh* que estés mejor que yo.

—Hola, *kht*, ¿qué te pasa?

—Estoy destrozada, *Iḥsān*. No sé cómo decirte esto —susurra—. Ha pasado algo importante. *Mma* quiere que deje los estudios y concierte una cita con *Ḥamza*, el hijo de nuestro primo. Quiere arreglarlo todo para mi boda con él.

—¿Cómo? —*Iḥsān* no da crédito.

—El imán le ha dicho que es lo más oportuno.

A *Iḥsān* se le parte el alma al escucharla. Él no quiere que la casen de esa forma, le gustaría que cuando llegara el momento, se casara enamorada y de forma voluntaria. Además, es tan joven... ¡Ni siquiera ha cumplido los dieciséis! *Sūfiyā* continúa:

—Yo no quiero, *Iḥsān*. Quiero seguir estudiando.

Iḥsān conoce a su primo segundo por las festividades y recuerda que de niño se divertían mucho. Es alegre y vivaracho, pero sobre todo es buena persona y muy trabajador. «¿La tratará con dulzura? ¿La cuidará?.

Por primera vez después de tres semanas sin *Karīm*, olvida enviarle un beso antes de dormir, concentrado en la situación que atraviesa *Sūfiyā*.

El chiringuito de Bea ha tenido mucho éxito y el ritmo de trabajo es frenético. No me da tiempo a salir de la cocina en toda la jornada. Los pedidos son constantes, en especial en las horas clave. Frente a él hay un centro de salud y hay mucha gente que, cuando termina, viene aquí. Además, nos hemos dado a conocer como los únicos en la ciudad que ofrecemos auténtica comida marroquí. Siempre tenemos gente.

Iḥsān me enseñó algunas de sus mejores recetas, así que he acabado por triunfar entre la población mayoritariamente española que acude al local. Incluso se cuela algún policía que hace la vista gorda ante mi situación legal. Mejor así, al menos puedo respirar tranquilo. Además, con el coche en la puerta, ningún grupo de *skins* se atrevería a atacarme.

Todo va bien pero, entre las cuatro paredes de la vivienda, me siento muy solo. Bea tiene una nueva pareja con la que pasa las noches. Extraño a *Iḥsān* que últimamente siento que está lejano y distraído. Y llevamos dos días sin hablar. Vuelvo a insistir pero no atiende a mi llamada. ¿Qué está pasando?

En ese mismo momento, la *umm* de *Iḥsān* insiste una vez más ante el teléfono. Es su decisión y debe respetarla. Es lo mejor para *Sūfiyā*, le dice. Su prometido es un hombre cariñoso, atento y delicado, que seguro que la tratará bien. *Iḥsān* resopla. Nunca antes había sido tan estricta y autoritaria.

—*Mma*, prométeme al menos que la dejarás seguir estudiando.

—Eso no dependerá de mí, sino de su marido. Él decidirá por ella. Sean cuales sean las condiciones del contrato matrimonial, seguro que *Sūfiyā* las acepta. Así se lo he pedido. Además, seguramente quieran tener hijos enseguida. Tendrá otras responsabilidades.

—*Mma*, ¿tanta prisa hay?

—El tío insiste en que sea pronto. Debe ser así para que él pueda usar las tierras de tu *baba* y trabajarlas. Y te permitirá usarlas si un día decides volver. Podréis trabajar juntos. Tu primo acepta la decisión, y creo que es lo mejor que le puede pasar a *Sūfiyā*. Será una buena esposa, colmará de placeres a su marido y lo hará feliz.

—*Mma*, no lo entiendo. ¿Y qué hay de lo que ella piensa? ¿Por qué no puede elegir su destino?

—*Iḥsān*, por favor, respeta tu cultura y no me juzgues. ¡Sabes que es lo mejor! ¿O ahora desconfías de la palabra del imán? Si no caso a *Sūfiyā* pronto, todos la repudiarán. ¿Es lo que quieres para ella?

—No —*Iḥsān* siente vergüenza al discutir con su *umm*, a la que siempre ha respetado. Sabe que ha perdido esta batalla. Solo le queda la esperanza de que al menos *Ḥamza* le dé la libertad que necesita para formarse y estudiar.

Cuando la videollamada termina, sacude el colchón con rabia. ¿Por qué su *umm* no se da cuenta de que hay otro futuro posible para *Sūfiyā*?

Karīm se pone la camisa que Luisa le regaló al poco de conocerse en el bar. Aún conserva el mismo azul oscuro mate con líneas diagonales negras de cuando se la entregó. Los vaqueros que ha elegido los compró con sus ahorros. Se le ajustan al cuerpo y sabe que con ellos luce un buen tipo. Cuando se los puso por primera vez, *Iḥsān* no podía apartar la mirada de sus caderas. Un último retoque al pelo, unas gotas de colonia sobre su cuello y sale de casa dispuesto a no pensar en nada más que en divertirse.

Al pasar por la calle Mayor, las luces en los puestos y el estruendo de voces señalan que la fiesta ha comenzado. Hay grupos de amigos charlando en la plaza mientras toman una pizza, un *kabāb*[25] o un helado, a pesar de que ya no es temprano. Los envidia. Él está solo, no tiene con quién compartir sus ganas de pasarlo bien. El aroma de la caseta de gofres le llama la atención y acaba comprando uno con chocolate. Apoyado en un árbol, lo saborea mientras presta atención a las luces colgantes de colores, al ajetreo de los vendedores que ofrecen sus productos, a las conversaciones de los jóvenes que giran en torno a sus últimos ligues... Con el último bocado, sigue el ritmo de una canción a lo lejos y se deja llevar hasta que se encuentra frente al portón oscuro de una brillante discoteca.

—Tu *dni* —le pide un hombre enorme que se sitúa en la puerta. *Karīm* saca su *nie* caducado y se lo enseña—. Con esto no pasas.

No quiere meterse en líos, así que baja la cabeza y hace el gesto de marcharse, pero un muchacho lo sujeta del hombro y le dice al guardaespaldas:
—Va con nosotros, Héctor. Déjalo entrar.

El portero duda un momento y, con el *nie* todavía en su mano, observa al chico que le mira con gesto suplicante, y le devuelve el documento a *Karīm*.

---

25   Plato tradicional originario de Turquía, conocido en España como 'kebab', consistente en carne (generalmente cordero) asada en una varilla giratoria vertical, verduras y pan de pita.

—Nada de peleas o yo mismo te saco a patadas. Dejarte entrar me puede meter en un lío.

Una vez en el interior del local, el chico se presenta a gritos, porque la música está muy alta y no es posible entenderse.

—Soy Héctor. Estos son Álex, Vanessa y Juani. Ella es Leyre y este que acaba de llegar es Pepe, aunque le llamamos Tron.

—Hola, Tron —*Karīm* saluda a todos con una sonrisa amplia y algo de vergüenza.

—Venga, a bailar —le dice Álex tirando de su brazo como si lo conociera de siempre. *Karīm*, entre risas, obedece.

Son muy amables con él, en pocos minutos se siente como uno más. Además, es consciente de las miradas que le lanza Álex. No puede negar que el muchacho es atractivo: le gusta sus ojos azules y su abundante flequillo castaño claro, además de su forma de bailar, desinhibida, natural y fresca.

Salen de la discoteca a altas horas de la madrugada y siguen hablando un buen rato, conscientes de que ya casi es de día.

—No sé vosotros —dice Juani—, pero yo tengo hambre. ¿Unos churros para desayunar? Abren a las 07:00, faltan diez minutos.

—¡Hecho! —aceptan todos.

Y, aunque sabe que después del próximo turno caerá en la cama agotado de bailar y trabajar, también él acepta el plan.

Iḥsān mira el móvil al llegar de trabajar. *Karīm* le ha llamado muy temprano pero, como lo esperaban para marcharse con el furgón, no se lo ha podido coger. Va a llamarlo, pero decide ducharse primero y salir del piso para poder conversar con más tranquilidad. Cuando ya se ha arreglado, sale a dar un paseo por las calles del pueblo en el que trabajan ahora. Es bonito y bastante acogedor en plena sierra. Llega a un parque tranquilo y, sentado en un banco, marca el número de *Karīm*, esperando encontrar su voz al otro lado de la línea. Sin embargo, por más tonos que da el móvil, nadie lo descuelga. Piensa que es posible que esté trabajando, aunque es domingo y él normalmente tiene horario de tarde. «¿Se habrá enfadado?», se pregunta.

Al fin y al cabo, lleva dos días sin llamarlo. Se empieza a poner nervioso, y sus pies se ponen en marcha, apartándose del banco. Da vueltas de un lugar a otro mientras llama de nuevo, aunque sigue sin responder. Fotografía el paisaje y se la envía junto a un corazón y un mensaje que dice: «Estar frente a esta fuente y no poder mojarte con su agua y divertirme a tu lado es muy triste. ¿Por qué no me respondes? Te extraño».

Al ver que *Karīm* sigue sin responder, vuelve a casa. Cuando lleva la mitad del trayecto cuando el móvil comienza a vibrar en su bolsillo.

—¡*Karīm*...! —responde rápido sin mirar quien llama. Nadie le responde al otro lado, pero él prosigue con desesperación—. *Karīm*, no sabes cuánto necesitaba escucharte. Te echo tanto de menos que hay noches que no consigo dormir. Deseo tanto estar contigo...

Al otro lado del teléfono, una expresión de sorpresa delata a la joven oyente, que no es otra que su *ukht*.

—¿*Sūfiyā*?

—¿Quién es *Karīm, khu*?

—¡*Sūfiyā*! —su tono de voz, más elevado de lo que hubiera querido, refleja su nerviosismo e intenta disimular—. ¿Cómo estás, *kht*? Ehhh... ¿Estás junto a la *mma*?

—Estoy sola, tranquilízate. Así que *Karīm*. ¿Te gusta un chico? ¡Nunca lo hubiera dicho!

—*Karīm* es...

—Muy especial, se te nota en la voz. ¿Me lo vas a presentar?

—¡*Sūfiyā*!

—No hace falta que me expliques nada, a mí no me importa. Lo que no sé es cómo se lo tomará *la mma*.

—*Sūfiyā*, yo... Lo siento —cambia de tema de golpe, no quiere darle detalles de su relación.

—¿El qué?

—Quisiera que pudieras venir conmigo, darte la posibilidad de estudiar, de ser libre y elegir en qué momento te quieres casar y con quién, si es que quieres. Quisiera que nuestro pueblo no se dejara arrastrar por esas tradiciones y que pudieras elegir a la persona a la que amar.

—*Iḥsān*, no es tu culpa. Aunque no hubieras viajado a España, a mí me habrían casado igual. Incluso si *baba* viviera. Ya conoces las tradiciones. Aquí nada va a cambiar. Y sí, claro que quiero estudiar más, viajar por todo el mundo y trabajar —un silencio les une—. Enseñar a otras personas a leer sería maravilloso, pero sé que es mi destino casarme, tener hijos y cocinar para mi marido. ¿O crees que sí me dejará estudiar? ¿Crees que podré trabajar enseñando a otros algún día? ¡Ay, *Iḥsān*, espero que sí! La *mma* dice que deberé obedecerle, siempre sumisa, como indica también el imán.

Un pitido en el teléfono de *Iḥsān* avisa de la entrada de otra llamada. Ya no importa. *Karīm* y él son muy pequeños al lado de la desdicha de *Sūfiyā*.

—Sé fuerte, ¿vale? Todo saldrá bien. Tenemos que ser valientes. *Allāh* estará de nuestro lado y nos cuidará pase lo que pase.

—*Iḥsān*, ¿crees que algún día querrás volver a Marruecos? Sin pensar en la *mma*, nuestro *khu* y yo, sé sincero. Si nosotros no estuviéramos, ¿regresarías?

La pregunta resuena en su cabeza, pero la respuesta es clara para él. Si regresara a su país, tendría que casarse con una mujer y aparentar ser quien no es. Vivir ocultándose, infeliz, huyendo de la opinión que de él puedan tener los demás. La religión volvería a ser el centro de su vida y no importaría nada más, ni siquiera su propia felicidad. Ha descubierto quién es en España, entre el hambre y la mala vida, y por extraño que parezca, solo extraña de Marruecos a su familia.

—Solo vosotros tres podréis conseguir que vuelva. Nadie más. Nada más.

—Al menos tú serás libre, *Iḥsān*.

—Quizás...

Con un halo de melancolía, cuelga por fin el teléfono. *Sūfiyā* no sabe que vive en un piso horroroso, que casi todo lo que gana lo envía a Marruecos o que trabaja de sol a sol por un sueldo irrisorio. No sabe que ha pasado semanas en la calle ni que ha visto morir a un muchacho en la embarcación que lo separó de su pasado. De su sufrimiento, *Sūfiyā* no sabe nada. Y si por él ha de ser, no se enterará jamás.

El desánimo tras la llamada es tal que *Iḥsān* guarda su teléfono en el bolsillo, olvidándose de *Karīm*.

No doy crédito a lo que me pasa con *Iḥsān*. Hemos seguido comunicándonos a diario, preguntando el uno por el otro, deseando vernos, extrañándonos...

y de pronto, dos días, casi tres, con un solo mensaje, muy breve, en el que dice que me quiere. ¡No sé qué pasa! ¡No lo entiendo!

Los chicos de la discoteca han venido a visitarme al bar para que fuera un rato con ellos al almacén que alquilan juntos, donde hacen sus propias fiestas. Los ojos de Álex me suplican.

Llamo a *Iḥsān* desde la cocina, dispuesto a renunciar al plan, pero al ver que tras tres intentos sigue sin contestar, salgo decidido a descargar energía y pasarlo bien.
—Vamos —guiño un ojo y bajo la persiana, preparado para pasar otra noche sin sueños.

Durante una canción lenta, Álex me da la mano. Dudo, pero el muchacho acerca su nariz a mi mejilla y me susurra haciendo que mi cuerpo tiemble.
—Baila conmigo. No temas, aquí nadie te va a juzgar.

Acepto. Aquí soy libre. Estoy bailando con un chico y a nadie le importa. ¡Qué maravilla! Y Álex baila genial. Es divertido y me hace olvidar los pensamientos tristes que me han tenido enfurruñado. Repetimos el sábado y el domingo. Alex me busca en el trabajo, se toma un café y espera paciente a que termine mi turno para acompañarme al almacén. Los demás sonríen siempre que me ven. Me siento tan bien que las horas pasan sin darme cuenta. Y es que con ellos soy uno más.

Es domingo por la tarde cuando por fin *Iḥsān* decide llamarme. Cuando el teléfono suena, tengo perdida mi mirada en los ojos de Álex, que me está hablando de cómo es el día a día en la universidad, en la que estudia Criminología. Estoy embelesado con ese tono de voz tan cálido. ¡Cómo me gustaría poder seguir estudiando!

Al ver la llamada de *Iḥsān*, mi gesto muda, tornándose serio. No puedo evitarlo, estoy enfadado aunque en el fondo quiero hablar con él. Álex, consciente del cambio de ánimo, me pregunta si todo va bien.
—No es nada. Ya le responderé después.
—*Ok* —sigue Álex quitándole hierro al asunto.

Iḥsān me ha fallado, así que a pesar de pasar las noches sin dormir extrañando su abrazo, decido alejarlo de mi mente narrando una parte de mi vida. Les digo que estoy solo y que no tengo a nadie en la población, salvo a mis compañeras de trabajo. Les hablo de mi situación legal y de por qué, aunque quisiera, no podría estudiar ni obtener un título. Para no profundizar más, paso a preguntar si alguien vio el partido de fútbol del sábado. No quiero hablarles del viaje en patera o de la pérdida de *Ibrāhīm* y, desde luego, no estoy dispuesto a confesarles el acoso que recibí por parte de mis compañeros de colegio o de mi familia. Converso con ellos fingiendo una alegría que está muy lejos de ser real. Mi juicio se emborrona al recordar a *Iḥsān*.

Iḥsān suspira al ver que, por más veces que llama, sigue sin obtener respuesta. *Karīm* lo está ignorando y cree que es culpa suya: en los últimos días no le ha prestado atención porque estaba ocupado con el trabajo y su familia.

Es tarde. «No importa». Vuelve a llamarlo. Es la quinta vez que lo intenta. Esta vez *Karīm* tiene el móvil en la mano y se lo coge con la vibración del primer tono.

—¿Qué tal te va? —le pregunta *Karīm* fingiendo no interesarse demasiado.

—Ahí va. Trabajando todos los días y extrañándote mucho —reconoce.

—Ya veo —su tono de voz pretende ser frío—, últimamente no estás nunca.

—Lo siento. Han pasado muchas cosas estos días, por eso no he podido...

Karīm se queda en silencio, esperando que continúe, cuando una mano se posa en su hombro. *Iḥsān* escucha el sonido de otra voz que le pregunta si va todo bien en castellano.

—Estoy con unos amigos. Hablamos luego, ¿sí?

—Está bien. *Karīm*… te extraño.

—Luego hablamos, adiós.

Iḥsān presagia algo negativo y no le gusta nada. Espera que suene el teléfono, pero pasan las horas y el aparato no vibra. Lo que siente no puede expresarse con palabras. «¡Lo que daría por un abrazo consolador de *mma*!».

Los días siguientes, las conversaciones con *Karīm* son cada vez más breves. *Iḥsān* se desespera. Al fin llega su oportunidad. Un lunes lluvioso: según la previsión del tiempo, la tormenta se mantendrá al menos tres días. El jefe les asegura que en esas condiciones no podrán trabajar, así que les da un tiempo de descanso. Sin cobrar, claro. «Aquí solo se paga por lo que se trabaja». Lo tiene claro: ha llegado la hora de visitar a *Karīm*.

El bus se retrasa e *Iḥsān* se pone nervioso. Da vueltas por la estación hasta que al fin el ruido del motor del vehículo le devuelve una pequeña parte de la tranquilidad que tanto ansía. Son casi dos horas de viaje, pero verá a *Karīm* y eso es lo único que le importa.

Mira el móvil. No hay mensajes ni llamadas, nada. No los espera. Los últimos días ambos han permanecido callados, guardando para sí sus emociones, incapaces de soltar ante el pequeño aparato los sentimientos que les oprimen. Iḥsān nunca había sentido emociones tan fuertes. No quiere que desaparezca ese deseo ni que la presencia de *Karīm* sea solo un recuerdo del pasado.

Con el revoltijo de pensamientos que le oprime el pecho, la primera media hora del viaje vuela, pero después es tal la desesperación por llegar que el camino se le hace interminable.

Reconoce la playa donde pasaron tantos días juntos, *Karīm* y él. Se asoma a la ventana para ver el puente bajo el que pernoctaron aquellos días. Al fin, la pequeña pantalla del bus anuncia la llegada al destino deseado. Baja y recoge sus cosas del maletero, sintiendo a cada paso más veloz su corazón. Va hacia la ubicación del chiringuito que en su momento le envió *Karīm*. Al llegar a la puerta, se encuentra con el murmullo de la gente. Nadie se fija en él, ni siquiera Bea, entretenida en atender una mesa al fondo del local. Busca con la mirada a *Karīm*, pero no lo encuentra. Quizás esté dentro, en la cocina. Se acerca a la barra y al no verlo, espera a que Bea lo reciba. No es consciente de que su pierna golpea el suelo una y otra vez con inquietud.

Al fin, Bea se da la vuelta y, al verlo, corre a abrazarlo entusiasmada.

—¡Qué bien que estás aquí, *Iḥsān*! ¡Te hemos extrañado mucho! ¿Cómo estás?

Bea le hace una pregunta tras otra, sin darle tiempo a responder ninguna. Cuando por fin deja de hablar para tomar aire, él la pone al día con rapidez.

—Tu chico no está, ha tenido turno de mañana. No sé si estará en casa o en un almacén al que va a veces con unos amigos. Está aquí al lado, a dos calles. Tócales. Verás una puerta metálica azul bastante grande. Ahí es.

Ahora es *Iḥsān* quien la abraza, agradecido por la información que le acaba de dar. Al final de la segunda calle encuentra la puerta del almacén. Se acerca más, resopla y, sin esperar a que su corazón se calme, golpea la puerta con sus nudillos.

Se escuchan pasos. La puerta se abre y tras ella aparece un muchacho de su misma edad, que le sonríe, sorprendido. Tiene la piel y el cabello claros y es muy atractivo.

—¿Hola?

—*Ehmmm*, hola, ¿qué tal? Soy... soy un amigo de *Karīm*.

—Sé quién eres, *Iḥsān* —la voz de ese chico suena un poco cortante—. Pasa, está ahí mismo.

Entra en el almacén y a los dos pasos lo ve. *Karīm* está leyendo un libro y no se inmuta por el ruido de las pisadas pero, de reojo reconoce al instante al dueño de los pantalones de chándal negros. Alza la mirada y sus ojos se encuentran. Sus pulsaciones se duplican. Piensa en correr a sus brazos olvidándolo todo, pero entonces ve a Álex y algo en su interior lo paraliza. Se pone serio y en sus ojos se presiente una sombra de duda.

—*Iḥsān.*

No hay nadie más en el local, solo ellos tres. La tensión es capaz de partir el aire.

—Creo que os apetecerá estar solos —sugiere Alex—. Mejor me marcho.

Alex mira a *Karīm*, deseando que él lo detenga, pero no lo hace:

—*Karīm*, solo una cosa más: si necesitas hablar, no lo dudes. Llámame a la hora que sea. Y por favor, recuerda cerrar la puerta cuando os vayáis, ¿vale?

Karīm asiente agradecido, prometiéndole cuidar del almacén, y recoge las llaves de la mano de su amigo. Un ligero roce muestra cierta complicidad que no escapa a la mirada de *Iḥsān*, que se revuelve cada vez más nervioso.

—Gracias —le dice *Karīm* a Álex, que dirige una última mirada anhelante a su amigo.

Después de cerrar, *Karīm* se vuelve hacia *Iḥsān* con los ojos húmedos y contrariado.

—¿Qué haces aquí? —Su voz retiene tanto dolor que impresiona al muchacho— No esperaba verte.

—Me han dado unos días libres y quería pasarlos contigo. Te echaba mucho de menos.

—¿En serio? Yo pensaba que me habías olvidado. Apenas me llamas y, cuando lo haces, me parece que estás distante, como si tuvieras la cabeza en otra parte.

—*Karīm*, lo siento. Tienes razón, pero ni por un momento he dejado de pensar en ti. Si te contara...

—Está bien, pero que sepas que estoy muy enfadado —reconoce *Karīm* deseando que las cosas acaben bien entre ellos—. Ven, vamos a sentarnos.

Las dudas aún pesan en *Iḥsān*, que no puede evitar preguntarle por el chico que le ha abierto la puerta.

—Ese chico... Álex... ¿Estáis juntos? Yo, lo siento... no... no... —titubea.

—*Mmm*... Si por él fuera, seguro que lo estaríamos. Pero yo no podría entregarme mientras tú estuvieras aún aquí —confiesa indicando hacia su corazón e intentando no mirarlo—. Pero, ¿entonces no has venido a cortar conmigo?

—¿Cortar? ¡No! —se sorprende *Iḥsān* acercando su mano a la de *Karīm*, que la recibe con una caricia—. Nada más lejos. Ya te dije que lo que más deseaba en el mundo era estar contigo.

La frialdad comienza a desaparecer. *Iḥsān* acaricia el rostro de su chico. Se ve que está recuperado de la neumonía que lo acompañó tanto tiempo.

—No sabes cuánto he extrañado tenerte cerca —el brillo de sus ojos confirma que no miente.

—Yo también te echaba de menos, mucho. Pero *Iḥsān*, no me has contado aún qué es lo que te preocupa.

—*Karīm*, mi *kht* se va a casar.

—¿*Sūfiyā*? ¡Pero si solo es una niña!

—Así es. Tiene quince años, pero en mi aldea eso no importa.

Los hombros de *Karīm* se relajan al mirar a los ojos de *Iḥsān*, que están húmedos y temblorosos. La rabia se empieza a marchar.

—Lo siento, *Iḥsān*.

—No hay nada que pueda hacer para impedirlo y eso me está matando. ¡Es injusto! Yo... lo siento, *Karīm*, no estaba bien y no quería preocuparte, así que opté por no llamarte.

—Lo siento de veras por ella, pero me hubiera gustado que me lo contaras —baja el tono de voz al comprender la situación—. ¿Por qué no me lo dijiste?

—Lo intenté un par de veces, pero estabas ocupado con tus amigos. Y luego fui incapaz de hablar del tema. Me fui encerrando en mí mismo y no veía solución posible.

—Pensaba en ti a cada momento, pero estaba muy enfadado. Sé que lo que te voy a pedir es injusto, pero el tiempo separados duele demasiado. Yo no sé si podré volver a aguantarlo.

—*Karīm*...

—Puede que no tengamos papeles, que nuestro salario sea bajo y que no tengamos derecho a nada, pero de algún modo siento que he encontrado mi lugar aquí. Si te quedas, seré feliz contigo. Ya sabes que eres la persona a la que más quiero en el mundo. Deseo estar contigo por encima de todo, pero no podemos seguir así: la distancia nos está apartando. Si te quedas conmigo, te ayudaré a buscar trabajo y, hasta entonces, si me lo permites, te echaré un cable con tu familia.

Mientras espera una respuesta, *Karīm* se levanta y se aleja unos metros. Necesita tomar aire. No quiere influir en su decisión. Si lo mira, *Iḥsān* reconocerá la súplica en sus ojos, el deseo que tanto anhela. *Iḥsān* le pone la mano en el hombro, impidiéndole alejarse más.

—Me estás pidiendo que abandone el trabajo y vuelva a sufrir inseguridad —tiene el ceño fruncido y contiene las lágrimas.

—Ya no aguanto que pasemos más tiempo separados, *Iḥsān*. No puedo estar sin ti más tiempo —*Karīm* llora.

—¿Y mi familia?

—Encontrarás algo. Puede que Bea te coja para trabajar durante los fines de semana. Le gustas más que yo. Y Luisa está embarazada, pronto necesitará que la sustituyan. Durante un tiempo tendrás la jornada completa. Eres el mejor cocinando, reconócelo. Ellas echan de menos tus platos. Y si esto falla, tienes experiencia en el campo y eres rápido, te cogerán donde vayas. Buscaremos algo por aquí cerca. Seguro que podrás encontrar un empleo. Podemos vivir en la casa de Bea hasta que tengamos dinero para pagar un alquiler. Tiene espacio de sobra y sabes que estará encantada de que seamos nosotros, y no unos desconocidos, quienes vivamos allí.

—¿Y si no encuentro trabajo?

—*Iḥsān*, vamos a estar bien. Cuidaremos juntos de tu familia. Vamos a arreglarnos como podamos y quizás algún día, en el futuro, puedas traer a *Sūfiyā*. Tu *mma* estará bien y tu *khu* crecerá sano. Si necesitas unas semanas para despedirte de Eduardo, esperaré. Mientras tanto, iré preguntando por algún trabajo. Te presentaré a mis amigos y ya no estaremos solos nunca más.

—¿Y Álex?

—Lo comprenderá. Como ya te he dicho, siempre podemos ser amigos. Creo que en el fondo sabe que no soy para él.

—¿Y tú?

—Te quiero a ti, a nadie m... —*Karīm* no puede terminar la frase, los labios de *Iḥsān* se lo impiden.

Hay situaciones en las que la vida es injusta y las dificultades se suman una tras otra. Por momentos nada parece tener sentido. Hay vivencias tan duras que pueden hacer desesperar al más fuerte, pero siempre existe un rayo de esperanza, una mirada al futuro que busca alcanzar lo que no se tiene o lo que por circunstancias, a menudo ajenas a nosotros mismos, se ha perdido. *Iḥsān* sabe que no todo es controlable, ha aprendido a soportar el dolor de vivir separado de su familia y se ha resignado a comprender que, por mucho que se esfuerce, hay cosas sobre las que no puede decidir. *Sūfiyā* se casa en una hora y, aunque no le guste, nada ni nadie va a impedir la boda. Solo le queda felicitarla, ponerse elegante y, aunque sea a través de la *webcam*, mostrarse alegre al ver a su familia unida, celebrando lo que para ellos es una fiesta sin precedentes.

Karīm también se ha puesto elegante para la ocasión. *Sūfiyā* ha pasado de ser la *ukht* de *Iḥsān* a convertirse junto a *Ḥakīm*, con quien han vuelto a retomar el contacto, en su más fiel confidente. *Karīm* espera que tras la boda esto no cambie, pese a que sabe que no está en sus manos, sino en el trato que *Ḥamza* brinde a su nueva esposa.

La boda va a empezar y la *umm* de *Iḥsān* desconoce que ante la cámara tiene a la persona más importante en la vida de su hijo, así que lo saluda con naturalidad. *Iḥsān* no sabe si algún día será capaz de decírselo, ni si ella podrá aceptarlo, pero tiene claro que la boda de *Sūfiyā* no es un buen momento para confesarlo.

Tal y como estaba previsto, la unión sigue su curso. *Sūfiyā* luce hermosa bajo el colorido manto de su vestido. El joven novio la mira enternecido, recordando cómo la cuidaba y jugaban juntos cuando *Sūfiyā* era más pequeña. Esperanzados al ver la cara de felicidad de la nueva pareja, deciden llamar a sus amigos y celebrar con ellos que *Iḥsān* ha encontrado un nuevo trabajo limpiando en un restaurante. Aunque ha tenido periodos de total incertidumbre, durante los últimos meses ha encadenado un empleo tras otro, haciendo un poco de todo: *freganchín*, cocinero, trabajador de campo, pintor...

Lo que le ofrecen ahora no es mucho, pero ya casi se cumplen dos años de su llegada a España. Con la promesa de regularización de migrantes que propone el Gobierno, parece que queda menos para que puedan legalizar su situación. Al fin y al cabo, sus ingresos desde que comenzaron a ofrecer gastronomía marroquí no han dejado de crecer. Quizás algún día consigan compartir ese sueño que tanto anhelan y ahorrar lo suficiente para hacer suyo un terreno en el que puedan levantar los cimientos de su nueva vida.

Por debajo del mantel, *Iḥsān* aprieta fuerte la mano de *Karīm*.
—Algún día se lo diré, te lo prometo.

Karīm asiente, feliz.
—Algún día.

Nota final de la autora

Según el último informe de *Ca-minando Fronteras*[26], en 2025 fallecieron 3.090 personas aproximadamente en la ruta migratoria hacia España. Se han documentado 70 embarcaciones desaparecidas con todas las personas a bordo. Según ACNUR[27], Marruecos se sitúa en cuarto lugar, por debajo de Mali, Senegal o Argelia en el *ranking* de nacionalidades que llegan ilegalmente a España.

Muchas de las personas que llegan a España lo hacen con un visado de turista o sin visado, con lo que no son consideradas ciudadanas del Estado español, no pudiendo trabajar, acceder a ayudas oficiales, a una atención sanitaria más allá de la urgente ni a una vivienda. Sobrevivir en estas condiciones no es fácil, y la mayoría se enfrentan a situaciones impensables en pleno siglo XXI.

A nivel global, según Amnistía Internacional[28], las relaciones entre personas del mismo sexo siguen criminalizadas en más de sesenta países, donde pueden conllevar penas de prisión u otras sanciones legales. Un ejemplo es Marruecos, donde el artículo 489 del Código Penal castiga

---

26   Caminando Fronteras. (2025). *Monitoreo derecho a la vida 2025*. Observatorio de Derechos Humanos de Caminando Fronteras.

27   UNHCR. (2025). *Mediterranean Situation: Arrivals to Spain by nationality*. Operational Data Portal.

28   Amnesty International. (2026). *The state of the world's human rights: Amnesty International report 2025/26*. Amnesty International.

las relaciones homosexuales consentidas con penas de hasta tres años de cárcel y multas.

Además, aunque la edad legal para contraer matrimonio es de 18 años en Marruecos, los tribunales pueden autorizar excepciones. Según el Consejo Superior del Poder Judicial[29], en 2024 se registraron 16.755 solicitudes de matrimonio de menores, de las cuales más del 62 % fueron aprobadas.

En muchos casos, volver al país no es una opción. De hacerlo, se enfrentan a la humillación y la deshonra, al abandono por parte de la propia familia... Ser migrante no es fácil. Por eso no juzgues sin conocer, no insultes, no vuelvas la cara ante situaciones injustas, no permitas que se produzcan situaciones de agresión o engaño. En lugar de eso, respeta y escucha. Pequeños gestos pueden ayudar a cambiar la vida de las personas que, como tú, solo desean encontrar la felicidad para ellos e incluso para sus familias.

Puedes ayudar a las personas que migran desde organizaciones como Cruz Roja, ACNUR, Red Acoge o CEAR.

---

29   Consejo Superior del Poder Judicial de Marruecos. (2024). *Rapport annuel sur l'activité des tribunaux du Royaume du Maroc 2024*. Rabat: Conseil Supérieur du Pouvoir Judiciaire.

Agradecimientos

Aunque no es lo común poner en primer lugar a los editores en los agradecimientos, yo no puedo comenzar de otra forma. El anuncio de la publicación del libro me llegó en uno de los momentos más grises que he vivido. Sergio y Antonio fueron tan amables y comprensivos que me devolvieron las ganas de escribir y de esforzarme. Me ha hecho muy feliz poder trabajar y aprender de ellos y de su equipo.

También debo dar las gracias al gran equipo de Oncología del Hospital del Vinalopó, especialmente a Eugenio, que ha sabido dar la vuelta a la tortilla a la situación, no solo con el tratamiento, sino con su forma de ser. Con él, todo ha sido "pan comido".

A mi familia, que una vez más ha demostrado ser extraordinaria en su totalidad. Tengo una enorme suerte. Mi madre y su pareja, mi hermana, mis tíos y primos, mis cuñados y mis suegros, incluidos los hermanos políticos... todos han estado ahí para apoyarme, pero especialmente mi marido y mis hijos, que siempre me hacen reír y disfrutar.

A mi suegra, que ha sido un ejemplo para mí al estar viviendo lo mismo sin perder la sonrisa.

A Enmanuel y Noelia, por demostrarnos que la vida está llena de oportunidades inesperadas.

A mis amigos. María, Vanessa, gracias por vuestra insistencia. Me encantan los cafés y las charlas. Asun, David, Rocío, Marina, Nines, Estefanía, Inma, siempre estáis ahí, preocupándoos por mi familia y por mí. Gloria, no sé en cuál de las dos categorías meterte, pero quiero que sepas que has sido uno de los principales pilares que me han mantenido fuerte estos días.

A la gente de Aspe. Entre ellos, los del cole, el grupo de escritores y los mayores del pabellón, que comparten espacio y aventuras con mi madre. La veo tan feliz con vosotros, que yo también lo estoy.

A las asociaciones *Llibre con València* y Letra Violeta por vuestro apoyo. Y a esas lectoras beta que me apoyaron incluso antes de terminar el primer borrador: Daniela Gómez, Verónica Retamero y Laura Fuentes. Con vuestras impresiones logré mejorar mucho el libro.

Al equipo de Cruz Roja. Empecé a escribir esta novela hace ya bastante, cuando me incorporé a mi puesto en la Oficina Provincial de Alicante. Ha llovido mucho desde entonces...

Solo me queda darte las gracias a ti por haber escogido este libro. Espero que *Karīm* e *Iḥsān* te dejen un recuerdo bonito en el corazón.

¡Gracias, gracias, gracias!

TÍTULOS DE LA COLECCIÓN NERABEA
EN KABO&BERO® EDICIONES

Mimi me salvó, Sergio Bero

Rey desnudo y chico muerto, Iñigo Cobo

¿Qué nos va a pasar?, Jorge Bastante

Crónicas inenarrables, Javier Comas (Premio Todo Mejora 2024)

Tras mis capas, Carlos Vera

Sos un amor, Ayrton Zazo

Así sonó el chasquido, Rosa Gallardo

Una herida incurable, Jon Viar

La joya de Venecia, José Ramón Ramos

KaBoom!, Iñigo Cobo

Flor de albero, Rafael La Casa

Malospelos, Dani Broncano (Premio Todo Mejora 2025)

La chaqueta amarilla, Sergio García

Lo que nunca supe de ti, Ayrton Zazo

Mis tripas gritan, Carlos Vera

El sol olvidado, Giuseppe Guiduccio